Pèlerinage
avec les
Leprechauns

Une histoire vraie d'un tour mystique d'Irlande

Tanis Helliwell

Copyright © Tanis Helliwell 2010
Titre original: *Pilgrimage with the Leprechauns: A true Story of a Mystical Tour of Ireland*

Tous droits réservés. Aucune reproduction ou utilisation de ce livre sans autorisation de l'éditeur.

Photos de couverture de dugdax, shutterstock.com.
Conception de la couverture par Maywood Design, maywooddesign.com
Photographies de Tanis Helliwell.

Traduit de l'anglais par Akane Hartenbach

ISBN : 978-1-987831-28-3

Publié par Wayshower Enterprises, 2020

https://www.iitransform.com/

Dédicace

Ce livre est dédié à tous les serviteurs du monde qui travaillent pour la guérison de la Terre et cherchent à apporter amour, paix et sagesse à tous.

Remerciements

Bien que ce soit mon nom qui apparaisse en tant qu'auteure, je tiens à rendre hommage à 'Lloyd' et à tous ceux qui m'ont apporté leur savoir au sujet des êtres élémentaires. Je remercie aussi tous les participants du Tour mystique en Irlande et mes amis irlandais dont les noms ont été changés pour protéger leur intimité.

Merci à tous les lecteurs du livre Un été avec les Leprechauns, qui m'ont empressée d'écrire un autre livre avec le leprechaun. Le voici enfin. Bonne lecture !

Je tiens à exprimer mon immense reconnaissance à Akane Hartenbach pour sa merveilleuse traduction et son service désintéressé à mon égard ainsi que pour les êtres élémentaires. Ma profonde gratitude va également à Victoria Jones pour sa traduction originale des quatre premiers chapitres, nous donnant l'impulsion initiale pour continuer. Finalement, merci à Marielle Croft pour sa relecture du manuscrit final, s'assurant que l'essence du livre avait bien été captée.

J'aimerais aussi remercier tout spécialement Margaret, de l'agence Irish Adventure Tours (un pseudonyme), pour son soutien avant et après le voyage.

Pour ses encouragements plein de patience et sa persévérance, je tiens à remercier mon ami et agent littéraire Bob Silverstein, qui a insisté pour que je re-écrive ce texte maintes fois afin de trouver l'équilibre entre l'histoire d'un voyage amusant et un récit comportant des leçons de vie importantes.

Et pour finir, je remercie ma mère, Margaret Helliwell, qui m'a transmis le sang irlandais et l'amour de toute chose irlandaise. Qu'elle soit bénie !

Table des matières

Préface : un cœur de pèlerin 9
Le message du Leprechaun 14
1ère partie : Le pèlerinage extérieur en bus 17
  1. Un début cahoteux 19
  2. Le puit sacré de Sainte Brigid et un peu d'histoire 29
  3. L'ascension de Croagh Patrick 44
  4. Retour à Achill 62
  5. Le tour du Leprechaun 72
  6. Carrowmore et contes de fées 103
  7. Devas et esprit sacré de la Pentecôte 117
  8. La pire journée 132
  9. Le Craic 147
2ème partie : Le pèlerinage intérieur par le lit 155
  10. Les elfes de Glendalough 157
  11. Tuatha Dé Danann, Hill of Tara et Newgrange 171
  12. Druides, Uisneagh et Anam Cara 183
Annexe :
Clés du Leprechaun pour aller en phase avec le Craic 203
Leçons apprises par 'l'humain' durant le pèlerinage 205
Lectures complémentaires 207

Quand Avril de ses averses douces

a percé la sécheresse de Mars jusqu'à la racine…

et quand les petits oiseaux font mélodie,

qui dorment toute la nuit l'œil ouvert,

tant Nature les aiguillonne dans leur cœur,

alors ont les gens désir d'aller en pèlerinage.

Chaucer, *Canterbury Tales*, Prologue l,
traduction par Louis Cazamian

Préface : un cœur de pèlerin

Il y a quelques années, j'habitais dans un vieux cottage dans le village de Keel, sur la côte ouest d'Irlande. J'ai partagé Crumpaun Cottage avec un leprechaun et sa famille, qui y vivaient depuis très longtemps. Le leprechaun et moi sommes devenus amis, et ce dernier m'enseigna à propos des êtres élémentaires, en particulier au sujet de ceux qui – comme lui – s'engagent à co-créer avec les êtres humains pour guérir la Terre.

J'ai été surprise de constater à quel point *Un été avec les Leprechauns*, mon livre au sujet de cette expérience, a touché le cœur de personnes intéressées et croyant aux esprits de la nature. Certains les ont déjà vus ou perçu leurs signes, et de nombreux autres ont ressenti leur présence à leurs côtés. Trente personnes d'Europe et d'Amérique du Nord, qui croyaient à l'existence des êtres élémentaires et désiraient avoir une expérience personnelle avec ces derniers, se sont inscrites pour le *Tour mystique d'Irlande* que je me chargeai de conduire.

Ces personnes et moi répondions à un appel intérieur de nous rendre en Irlande et, sur le plan extérieur, nul d'entre nous ne se doutait que nous nous adonnions à un profond pèlerinage intérieur. Bien au contraire ! J'avais déjà animé jusque-là trois autres voyages initiatiques en Irlande et j'avais consacré une année et demie pour l'organisation de celui-ci. Je m'attendais donc à ce que tout se déroule en douceur, presque comme si nous allions passer des vacances.

Une fois sur place, presque rien ne se déroula comme je l'avais prévu, et, à en juger par les apparences extérieures, le *tour mystique d'Irlande* fut un désastre complet. En termes de transformation personnelle, par contre, ce fut un des événements les plus significatifs de ma vie. Le pèlerinage intérieur ayant été propre à chacun, je ne peux parler ici que de ma propre expérience. Certaines leçons d'ailleurs ne me furent révélées qu'à travers l'écriture de ce livre.

J'ai commencé ces tours et pèlerinages sur les sites sacrés il y a plus de vingt ans, après ma première rencontre avec le leprechaun. Mon intention était d'assister les gens dans leur propre transformation. Ces expériences nous extraient de la réalité du travail quotidien, des factures à payer, et de notre mode habituel de penser. Elles dérobent même notre attachement pour un certain passé, ou nos espoirs futurs.

Les pèlerinages n'ont pas la prétention d'être faciles. S'ils l'étaient, aucune transformation ne surviendrait. Le pèlerin, en réalité, est souvent confronté à une épreuve, ou une série de difficultés. Des ampoules aux pieds, la privation de nourriture, ou la déception de ne pouvoir se rendre aux sites sacrés que l'on désirait ardemment voir, sont autant d'exemple d'épreuves sur le plan extérieur. Mais tout aussi importantes sont les épreuves intérieures, telles que les sentiments de frustration ou de colère, ainsi que d'apitoiement ou de tristesse pouvant accompagner notre mauvais sort. De cette manière, nous apprenons le non-attachement aux choses faites à notre façon, à pardonner et à accepter ce qui est, apprenant à trouver joie et paix en toutes circonstances.

De manière ultime, le but du pèlerinage est d'arriver au centre de notre cœur. Que trouvons-nous en cet endroit, et comment interprétons-nous cette réponse ? Cette réponse peut être si bouleversante, si dramatique, qu'il n'est plus possible de retourner à la vie que nous menions auparavant. La réponse peut consister par exemple dans la simple prise de conscience que l'étreinte d'une

Préface : un cœur de pèlerin 11

mère, un coucher du soleil, ou un chiot en train de jouer sont tout aussi importants que la vision du Christ. Quelle que soit la réponse, il est nécessaire d'embrasser complètement à la fois le cheminement intérieur et extérieur, tout en réalisant que le pèlerinage ne prend jamais fin, et que différentes leçons se présentent à nous aux différentes étapes de notre vie.

Ce n'est pas tant la destination mais l'intention derrière le voyage qui définit le pèlerin. Et si, comme tel était notre cas, vous faites le trajet avec un leprechaun et une foule d'autres êtres élémentaires, un bon sens de l'humour et un cœur léger sont essentiels. La clé pour comprendre notre pèlerinage en Irlande se trouve dans ce que les Irlandais appellent 'le Craic'. Nous avons voyagé dans le Craic, avec le Craic et nous avions eu le Craic. Seul un Irlandais peut vraiment comprendre le Craic, et je pense souvent que ce sont eux qui l'ont inventé. Il est difficile de vous donner une définition du Craic, mais quelques mots à son sujet peuvent éventuellement vous orienter dans la bonne direction. Le Craic comprend toutes les expériences de la vie – les bonnes comme zles mauvaises- celles que nous pouvons comprendre, et celle que nous ne pouvons pas comprendre.

On ne peut pas piéger le Craic. Si vous tentez de le faire, il vous désarçonne hors de votre zone de confort et vous rit au nez. Il est à la fois la grande farce cosmique et le farceur cosmique. Le Craic est ce qui se trouve entre le 'ceci' et le 'cela'. J'y pense souvent comme étant la faille - le 'crac' (*Craic*) - entre les mondes, entre la réalité tridimensionnelle, où les humains passent leurs heures éveillées, et les autres dimensions. Le Craic est magique. Le Craic est imprévisible et certainement pas fiable. Il vient quand ça lui chante et fait ce bon lui semble pour transcender notre savoir et nous conduire vers la vérité. La seule attitude saine à aborder face au Craic est de s'y soumettre, car toute résistance s'avère vaine.

Les leprechauns, et les êtres élémentaires en général, excellent dans le fait de vivre et de jouer dans le Craic, en y trouvant joie et divertissement. Pour la plupart des humains, omettez l'Irlandais, ceci n'est pas le cas. Les humains qui m'accompagnèrent au *Tour mystique d'Irlande* ont, certes, bien reçu l'expérience avec les êtres élémentaires qu'ils avaient demandée, mais pas toujours de la manière que ces derniers, ou moi-même, ne parvenait à contrôler. Les leprechauns nous emmenèrent dans une grande expédition avec du grand Craic, et en ce qui me concerne, je ne serai plus jamais la même.

Ah, mais peut être devrais-je faire un pas en arrière et toucher un mot au sujet des leprechauns et des êtres élémentaires, la race à laquelle les leprechauns appartiennent. Les élémentaires, appelés également esprits de la nature, petit peuple, fées, sont réels, et chaque pays compte des histoires et des mythes à leur sujet. Par exemple, on trouve les leprechauns en Irlande, les trolls en Scandinavie, les gnomes en Allemagne, les *patupaiarehe* en Nouvelle Zélande, les *kappa* et les *tengu* au Japon, et les *aluxuses* du peuple Maya en Amérique centrale. Cela dit, sachez que les élémentaires peuvent voyager et même vivre hors de leurs contrées ancestrales, tout comme font les humains. Il se peut donc que vous rencontriez un troll au Canada et un gnome en Nouvelle Zélande.

Parfois, il arrive que des personnes voient et entendent les élémentaires dans le monde réel, et je reçois un nombre innombrable de lettres et de e-mails du monde entier d'individus ayant fait ce genre de rencontre. Cependant, parce que les élémentaires, tout comme les anges et les revenants, se trouvent dans des dimensions plus subtiles que ce que la plupart des humains ne peuvent percevoir, ces personnes les voient en réalité en usant de leur don de clairvoyance.

Pour ma part, j'ai été capable de voir des êtres d'autres dimensions depuis ma naissance. Mes perceptions comprennent les élémentaires, les anges ou les personnes défuntes, sans pourtant se limiter à celles-ci. En Irlande, cette faculté est appelée 'deuxième vue', et ce don me fut transmis par ma mère, à travers le sang irlandais de ma famille. Ma famille ne parla jamais de sa deuxième vue et traita toujours la chose de manière pragmatique. Ce secret, nous le dissimulions sous forme de 'bonne intuition' ou de 'pressentiment'.

Si je mentionne cette 'seconde vue' maintenant, c'est parce que l'histoire que je vais vous raconter ne fera du sens que si vous réalisez que je m'entretiens avec un leprechaun, que la plupart des gens ne peuvent ni voir ni entendre. Le voyage que je décris dans *Pèlerinage avec les Leprechauns : une histoire vraie d'un tour mystique d'Irlande* est un voyage avec du grand Craic, et peut être apprécié comme une histoire amusante d'un voyage en Irlande, une source d'information sur les esprits de la nature, et comme un voyage de transformation intérieure.

Afin de préserver l'anonymat de mes amis pèlerins et de mes proches, beaucoup de noms ont été changés.

J'espère que vous prendrez plaisir à ce pèlerinage et que vous aurez du bon Craic !

Tanis Helliwell

Le message du Leprechaun

Que vous le sachiez ou non, vous avez été appelés ici : certains par leurs ancêtres, dont le sang coule dans vos veines, d'autres pour aider les êtres élémentaires, d'autres encore pour guérir notre Terre ou être guéri par ses mains, son cœur et sa voix, que nous autres élémentaires, entendons.

Nous vous emmenons dans un tour mystique plein de magie et d'amusements, de spontanéité dans l'instant, et d'ouverture à être celui que vous êtes vraiment. Vous allez peut-être même rire de vous-mêmes, ce que nous Irlandais appelons 'le Craic'.

Abandonnez-vous à cette expérience, et vous y trouverez de la joie et en ressortirez transformés.

Résistez et rendez-vous misérables. A vous de faire votre choix. Ceci est un voyage de guérison !

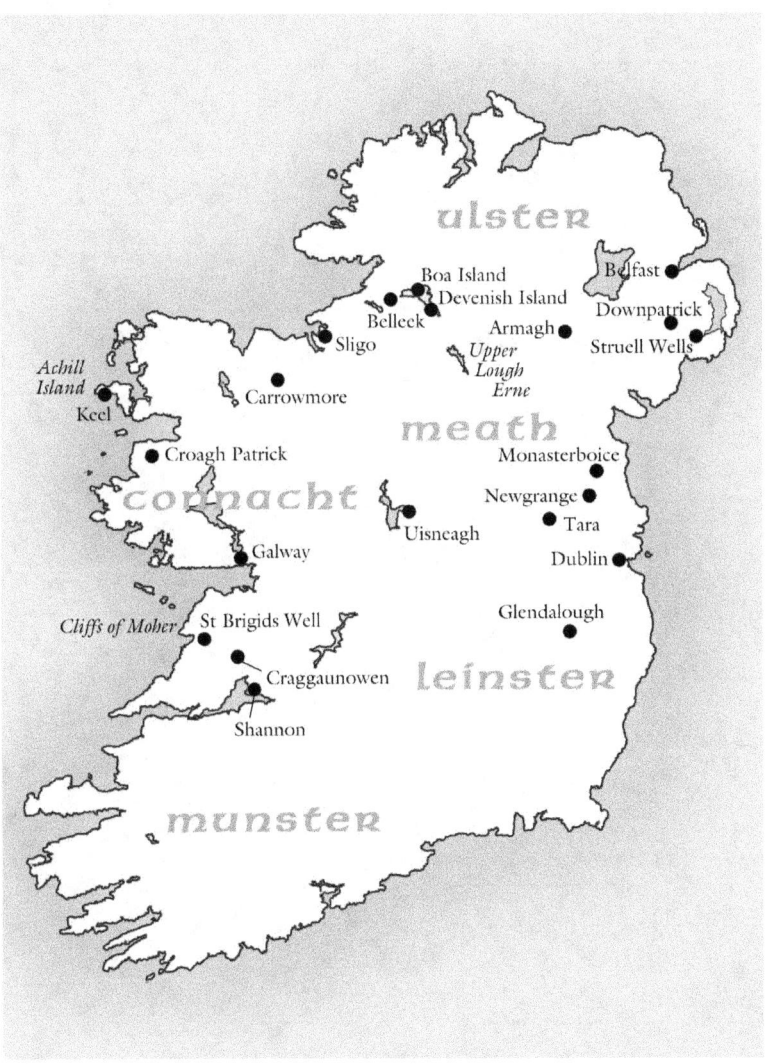

Carte du tour mystique d'Irlande

1ère partie :

Le pèlerinage extérieur en bus

Chapitre 1

Un début cahoteux

J'adore l'Irlande : ses champs verdoyants, sa brise entraînante, et ce sentiment de magie et de merveille qui semble tapis juste sous sa surface. Bien que je m'y sois déjà rendue plus de treize fois, je n'arrive pas à m'en rassasier, et, comme une enfant, j'attends avec impatience la prochaine occasion d'y retourner.

Et puis, il y a mon ami leprechaun, qui se fait appeler 'Lloyd' lorsqu'il a affaire avec des êtres humains curieux. Le nom 'Lloyd' signifiant en gallois (une langue gaélique ressemblant à l'irlandais) grisonnant, sage, sacré, tout en connotant une énergie infatigable, je trouve qu'il a choisi un nom qui lui va à merveille. Lors de l'un de mes séjours précédents sur la côte ouest sauvage d'Irlande, j'habitai avec lui et sa famille dans un cottage hanté sur Achill Island.

Avant que vous ne commenciez à douter de mon équilibre mental, laissez-moi vous dire tout d'abord qu'à Keel, le petit village où habite le leprechaun, il était fort bien connu que mon cottage était hanté par le petit peuple. Le voile entre ce monde ci et d'autres dimensions est particulièrement mince à l'ouest de l'Irlande, et le 'repérage' du petit peuple est plus fréquent dans cette région que dans le reste de l'Irlande.

Connaître mon ami leprechaun ainsi que d'autres êtres de la nature est parfois synonyme de pur bonheur, avec des moments remplis d'aventures magiques. A d'autres moments cependant, lorsque mes attentes ne se réalisent pas, il s'agit de moments de pure frustration. J'apprends à naviguer entre ces deux états d'âmes avec la même grâce et aisance. Du moins, c'est ce que je pensais être en train d'apprendre, lorsque Lloyd embarqua trente admirateurs de leprechaun et moi-même dans sa version sens dessus dessous d'un tour des sites sacrés d'Irlande.

C'est avec une humeur insouciante que j'arrivai à Dublin, m'enregistrai à l'hôtel et fut accueillie par un coup de fil rassurant de James, un des propriétaires de Gallows, l'agence de voyages irlandaise. J'ignorais à l'époque que Margaret, mon contact au Canada pour ce voyage, avait un surnom pour James qui en disait long. Elle l'appelait 'Le Lep', diminutif pour 'Le Leprechaun', car son physique, ainsi que ses manières lui rappelaient un être élémentaire. Le fait que quelqu'un surnommé 'Le Lep' avait organisé le voyage aurait pu m'avertir que notre voyage ne serait pas sans quelques détours. Après tout, on avait déjà Lloyd qui nous accompagnait pour ce voyage, mais avec deux leprechauns, tout devenait possible.

Le premier matin se leva sans pluie, signe toujours positif en Irlande. Après avoir réglé l'hôtel, je fus saluée chaleureusement par Helen et Molly, deux femmes venant 'de l'autre côté des eaux', comme disent les Irlandais pour désigner les Américains du nord. Nous étions toutes les trois en train de bavarder en attendant notre bus, lorsqu'au bout de quelques minutes, un car cinquante places flambant neuf fit son apparition. La porte s'ouvrit, et un visage aimable nous aborda.

« Hello, je suis Paddy O'Shea, vot' chauffeur », nous dit un homme à cheveux court dans la quarantaine, moyennement bâti et avec un fort accent de Dublin. Impeccablement habillé, il semblait aussi poli et astiqué que son bus. « Prenez place, je m'occupe de vos valises et nous irons chercher une femme de votre groupe à l'aéroport. Ensuite, nous mettrons le cap à l'ouest vers Bunratty, près de Shannon, où nous allons retrouver le reste du groupe ».

Montant à bord et m'enfonçant dans un siège confortable à l'avant du bus, je fus ravie de constater que le bus était aussi splendide à l'intérieur qu'à l'extérieur. Tout le monde allait pouvoir bénéficier d'une belle vue et de beaucoup d'espace permettant de s'étaler à loisir ou, si nécessaire, se retirer tranquillement en eux-mêmes. Un tour des sites sacrés peut susciter de la joie ou de la peine, du plaisir ou de l'inconfort, en raison des énergies puissantes mises en jeu. Des individus s'inscrivent pour un tour spirituel comme celui-ci car ils veulent avoir une expérience du monde invisible. Les élémentaires, quant à eux, se spécialisent à créer des situations facilitant une élévation de l'état de conscience. En cette brillante matinée, j'étais encore loin de me douter du nombre de ' situations' qui allaient nous être servies.

« Tout le monde sera ravi », pensai-je, en me laissant aller avec délice à ma bonne fortune, regardant défiler le paysage irlandais. Mes yeux savouraient le vert émeraude du printemps, une couleur que je n'ai vue qu'en Irlande. Le vert pulse avec une lumière et une vie qui le rend presque fluorescent. Les buissons d'ajoncs et d'aubépine en fleur m'interpelaient comme la voix de mes ancêtres ; mon cœur s'ouvrait, comme à chaque fois que je retournais en Irlande. Ici, la magie et les portes vers d'autres dimensions sont encore ouvertes. Comme il me tardait de partager cela avec mes compagnons de voyage.

J'eus droit à environ une heure d'extase avant que ne survienne la première difficulté. Nous nous étions garés sur le parking de l'aéroport de Dublin et attendions l'arrivée de Diana, une amie à moi depuis l'âge de dix-huit ans. Helen quitta sa place et tenta d'ouvrir la porte des toilettes. La trouvant fermée, elle passa à côté de moi pour s'approcher de Paddy.

« Paddy, pourriez-vous ouvrir la porte des toilettes ? » demanda-t-elle poliment.

« Ce n'est pas possible », dit-il. « Elle est fermée »

« Pourriez-vous l'ouvrir ? »

« Non, je n'ai pas de clé », répondit-il laconiquement.

En cet instant, des sirènes d'alarme commencèrent à retentir dans ma tête. Je me penchai en avant pour m'adresser à Paddy « Quand pourrez-vous l'ouvrir ? »

« Impossible », dit-il. « Si vous vouliez utiliser les toilettes, il aurait fallu le demander avant le tour. »

« Oh mon Dieu ! », pensai-je. « Trente personnes dans un car durant des heures, et pas de toilettes. Bon, ne paniquons pas. Je suis sûre que cela va s'arranger dès que nous aurons trouvé Brian de Gallows Tours à Bunratty. »

Helen et moi échangeâmes un regard rapide « seulement-possible-en-Irlande » et elle partit à la recherche de toilettes publiques. Peu après, l'avion de Diana atterrit et, dans la joie de la revoir, le problème des toilettes s'estompa dans l'arrière-plan. Diana est une femme attractive au sourire contagieux, sûre d'elle, avec des yeux bienveillants derrière lesquels se devine un esprit fébrile et aventurier. Il existe des personnes qui sont comme des étoiles brillantes montrant aux autres le chemin à suivre, et Diana en fait définitivement partie. Je lui ai une fois suggéré d'écrire un livre sur le thème de l'amitié, car il m'était difficile d'imaginer une personne ayant plus d'amies proches qu'elle. Un don qui faisait d'elle une conseillère et formatrice compétente, les gens lui faisant instinctivement confiance.

Molly, Helen et Diana font parties de mes élèves du Canada, et nous connaissant depuis plusieurs années, nous avions quantité de choses à nous raconter. Elles adoraient les êtres élémentaires et, comme les autres personnes se joignant à nous, étaient à la recherche d'une expérience spirituelle en leur compagnie sur les sites sacrés que nous allions visiter. Elles aussi, comme la plupart des autres participants de ce tour, espéraient passer des bonnes vacances. Ce qui n'était pas trop demandé – aurait-on pu penser !

Après quelques heures de route et de discussion animées, le bus emprunta une route de campagne et s'arrêta sur une allée d'un joli bed-and-breakfast, à quelques minutes à pied du château de Bunratty. Plusieurs participants du tour étaient déjà arrivés et s'étaient assis sur des bancs, en manches courtes, faisant le plein de soleil – toujours une bonne idée lorsque le temps le permet en Irlande. En descendant du bus, un quadragénaire de haute taille, aux cheveux foncés et à l'allure soignée et professionnelle, vint me saluer.

« Bonjour, je suis Brian, » me dit-il avec un sourire et en me tendant la main, « de Gallows Tours. »

« Ravie de vous rencontrer » dis-je en lui serrant la main, avant d'ajouter « Si c'est possible, je voudrais repasser l'itinéraire en vue avec vous, Paddy et votre guide Michael, avant que le tour ne commence. »

« Je regrette, je dois encore aller chercher des personnes à l'aéroport de Shannon, donc cela devra se faire sans moi. » Sur ce, Brian tourna sur ses talons et sauta dans sa camionnette, me laissant le soin d'installer les gens dans leur chambre. N'apercevant pas Michael, je laissai un message sur sa porte lui demandant de se retrouver dans une heure, afin de réviser l'itinéraire avec lui et Paddy.

Une heure plus tard, légèrement anxieuse – ça devait être un pressentiment – j'entrai dans un agréable petit salon rempli de meubles en bois anciens et de bibelots familiaux. Un homme chaleureux d'âge mûr, un joli géant de sa personne, se leva d'un canapé douillet.

« Bonjour et bienvenue, » dit-il, sa large main se refermant sur ma petite main. « Je suis Michael, votre guide. » Michael portait un T-shirt ample extra large sur un ventre rebondi, suggérant un amour sérieux de la nourriture et un dédain de tout exercice. Alors que Paddy et Brian semblaient aussi impeccables que des sous neufs, Michael semblait s'être endormi dans ses habits.

Quelques instants plus tard, Paddy passa par la porte et nous nous enfonçâmes dans des sièges bien rembourrés pour passer en revue l'itinéraire, ou pour être plus précis, 'les itinéraires', alors que nous découvrions, choqués, que chacun d'entre nous en avait une version différente.

Paddy avait l'itinéraire original du tour, celui que j'avais élaboré avec l'agence de voyage canadienne et que je pensais que nous allions emprunter. Pour la première fois, j'examinai l'itinéraire que Gallows Tour m'avait envoyé par e-mail le jour de mon départ du Canada. Je vis alors qu'il ne ressemblait en rien à l'original.

Ebahie, je leur demandai, « Comment cela a-t-il pu se produire ? »

« James ne m'a envoyé l'itinéraire que la semaine passée et je ne sais même pas où se trouvent certains des sites que vous avez prévu de visiter », dit Michael, dont le sourire avait disparu. Il termina par « Evidemment, je n'ai pas eu le temps de me renseigner à leur sujet. »

J'avais étudié le CV de Michael. Impressionnée par le fait qu'il avait écrit au moins douze livres sur le folklore irlandais, y compris à propos des fées et des Leprechauns. Je l'avais donc considéré comme un des nôtres et comme un guide rêvé pour notre *tour mystique d'Irlande*. Imaginez donc ma surprise, lorsque j'appris qu'il ignorait un bon nombre des sites mentionnés dans les différents itinéraires. A ce moment, je ne compris pas pourquoi Michael, qui avait passé sa vie à étudier les élémentaires, n'avait en réalité que peu d'intérêt à les expérimenter directement. Ce ne fut que par la suite, durant le tour, que je devais découvrir les raisons derrières ce qui semblait être un paradoxe.

Avant que je ne puisse faire face aux aveux de Michael, Paddy renchérit. « Quant à moi, je viens juste d'apprendre que Brian n'a tenu compte ni de mon logement, ni de ma restauration durant ce voyage.

Non, ce n'est vraiment pas juste, » continua-t-il en élevant la voix : « si c'est pas réglé de suite, j'me tire d'ici avec mon bus ! »

Après une année et demie de préparation, nous nous trouvions dans de beaux draps. Rajouter mon mécontentement aux leurs n'aurait rien arrangé à la chose. Je leur dis donc avec une voix que j'espérai rassurante « Paddy, je vais m'assurer que votre accommodation et vos faux frais soient pris en compte dès que Brian sera de retour. Pour l'instant, pourquoi ne pas étudier les itinéraires et voir ce qui peut être fait ? »

En étudiant nos trois versions, nous réalisâmes que la mienne, envoyée quelques jours plus tôt, était la plus récente. Nous optâmes donc pour celle-ci. En la parcourant, je découvris alors que quatre sur les cinq hébergements prévus initialement avaient été modifiés. Ceci était déjà suffisamment grave, mais en continuant l'examen de l'itinéraire, je constatai avec horreur que la moitié des sites prévus- et pour lesquels les participants avaient déjà payé – avaient été rayé de la liste.

Mon tour idyllique disparaissait dans la brume irlandaise. Les dolmens anciens, les fontaines miraculeuses et les cercles sacrés de pierre n'étaient plus disponibles. A leur place, on nous proposait de visiter Belfast et un village désert. Dans l'immédiat, il me fallait cependant empêcher Paddy et Michael de déguerpir à leur tour. Je suggérai précipitamment quelques sites sacrés supplémentaires avant que le tour ne sombre définitivement dans l'abîme. Ils acquiescèrent.

Nous étions en train de terminer lorsque Brian revint. Michael partit se préparer pour le dîner, laissant Brian et moi se charger de la question des frais de Paddy.

« Un simple oubli, » me rassura Brian. « Ne vous inquiétez pas, on va s'en occuper. »

« Ouf ! » fis-je en me relaxant « Une chose de réglée. » Prenant une profonde inspiration, je dirigeais notre attention sur le problème numéro deux. « Nous avons besoin de déverrouiller les toilettes dans le bus. Est-ce possible ? »

« Non » déclara Paddy, avec véhémence. « Je vous ai déjà dit que comme cela n'a pas été demandé avant le tour, que la porte reste verrouillée. » Paddy était le genre de personne à suivre un manuel d'instruction à la lettre. Tout événement sortant de son champ d'expertise le déconcertait. Le pauvre. Ce que les leprechauns pourraient faire avec lui...

Me tournant vers Brian, j'attendis de voir sa réaction. « Il n'y a rien que je puisse faire », répondit-il, haussant les épaules avec un air « c'est comme ça ». « J'imagine que vous auriez dû prévenir James que vous vouliez utiliser les toilettes. C'est lui qui est en charge de tous les détails pratiques. Pour ma part, j'accueille simplement les gens à leur arrivée, et je n'accompagne normalement pas de groupe ayant un guide, mais comme votre groupe était si nombreux, nous voulions juste nous s'assurer que tout se passe bien. »

« Comment aurais-je pu deviner qu'il n'y aurait pas de toilettes à disposition dans un car à cinquante places ? » répondis-je, m'efforçant de garder une voix calme et n'y réussissant probablement pas. « James ('le Lep', ne pus-je m'empêcher de penser) ne m'a pas fait part de cette information. »

Levant les mains dans un geste d'impuissance, il conclut « Il n'y a rien que nous puissions faire pour l'instant. Vous allez vous en sortir. »

Ces mots de Brian, j'allais les entendre maintes fois durant ce voyage. Ce n'est que plus tard que je découvris la raison pour laquelle Brian avait soutenu Paddy dans son refus de nous laisser utiliser les toilettes. Brian me fit comprendre indirectement – il est très irlandais de sous-entendre les choses plutôt que de les mentionner directement – que Paddy était le propriétaire du car, et que c'était la raison pour laquelle il ne voulait pas salir son beau bébé tout neuf. Brian ne pouvait risquer de compromettre l'humeur de Paddy, ou pour le coup, nous allions littéralement nous retrouver sans bus. L'Irlandais peut être très secret – difficile à croire étant donné leur nature bavarde, mais vrai. Les Irlandais jouent leurs cartes proches du cœur, et vous ne pouvez jamais être sûr sur les faits réels d'une situation... à moins qu'ils ne décident de vous révéler leurs raisons, et ce, au moment de leur choix. Une qualité, qui est tout à fait celle de mon ami leprechaun !

« De toute façon, il est temps d'aller dîner, » dit Brian en jetant un coup d'œil à sa montre. Il se pressa hors de la porte, laissant Paddy et moi rassembler nos affaires avant de le suivre.

Durant le repas, j'essayai de saluer tout le monde pour que chacun se sente le bienvenu. Intérieurement, cependant, j'étais sous le choc des événements. Dans ma tête, je tentais de départager ma part de responsabilité et celle de Gallows. Ma grande question était, que pouvais-je faire – en plus de ce que j'étais déjà en train de faire – pour corriger la situation ? Comment distinguer le diamant dans la suie ?

Eurêka !

Telle une évidence lumineuse, je réalisai soudain qu'il se passait quelque chose au-delà des apparences extérieures. Jusqu'à cet instant, je n'avais pas songé à l'éventuelle signification profonde derrière ces événements qui me faisaient face. Les trente personnes étaient toutes venues pour un 'tour mystique' dans le but de rencontrer et de faire l'expérience des êtres élémentaires. Comment avais-je pu oublier, que rien ne se passerait de manière ordinaire, dès que des élémentaires étaient en jeu ? Mettre le monde à l'envers était leur spécialité. Je sus alors que le 'tour' serait davantage un 'pèlerinage' avec des êtres élémentaires.

A peine avais-je pensé cela qu'une chanson de Rolling Stones me vint à l'esprit, « Tu ne reçois pas toujours ce que tu veux, mais si tu essaies, tu verras que tu reçois ce dont tu as besoin. »

Me souriant à moi-même, je songeais que, malgré le fait que je ne recevais pas le tour que j'avais prévu, ou soyons honnête, le tour que je pensais avoir mérité, la magie n'était pas moins en cours. Croyant naïvement être assez expérimentée dans ma relation avec le leprechaun, j'avais pensé que le tour se passerait sans effort, dans la joie et une ambiance de vacances pour les autres et pour moi-même. Maintenant, je commençais à entrevoir la grande expérience de Craic que Lloyd avait prévu pour nous.

Chapitre 2

Le puits sacré de Sainte Brigid et un peu d'histoire

À la pointe du jour, je scrutai le temps par la fenêtre et constatais que le temps tenait bon. « Fantastique, » pensai-je, encouragée. « Je me demande si c'est un bon signe de la part des élémentaires ? » « Chaque jour est un bon jour en Irlande, » entendis-je par-dessus mon épaule. Je me retournai pour voir mon ami leprechaun se prélassant sur une chaise, les bras croisés sur son ventre rebondi. Il était grand pour un leprechaun, m'arrivant à l'épaule. Ses pieds, chaussés d'énormes sabots irlandais démodés, se balançaient au-dessus du sol. Il portait une veste verte moulante s'arrêtant à la taille, et des chaussettes en laine qui rejoignaient son pantalon brun, juste au-dessous des genoux. Perché sur sa tête se trouvait un gibus. Somme toute, l'image parfaite d'un leprechaun en tenue champêtre, plus vu en Irlande depuis cent ans.

« Te voilà enfin, » lui dis-je télépathiquement, feignant un ton de reproche. « Regarde dans quel pétrin on se trouve, et le tour n'a même pas encore commencé. »

« Ah, mes amis et moi sommes ravis qu'autant 'd'humains'

(prononcé 'huuumains') soient venus en Irlande pour nous rencontrer », répondit le leprechaun, luttant pour ne pas sourire. « Vous autres 'humains' (et voilà ce mot qui revenait) avez besoin de plus de légèreté, de ne pas prendre les choses trop au sérieux et de profiter de la vie, ce en quoi nous allons vous donner un coup de main. De toute manière, c'est l'heure du petit déjeuner. Allons-y. » Sautant en bas de sa chaise, il me lança un clin d'œil, et disparu droit à travers la porte fermée.

Je fus la première à arriver dans la salle du petit déjeuner – ou devrais-je plutôt dire, le premier 'humain' - alors que vous-savez-qui était déjà assis à une table dans un coin de la pièce. La porte de la cuisine s'ouvrit et la maîtresse de maison s'approcha pour m'annoncer qu'il y avait des crêpes au menu.

Bien, un petit historique s'impose. Mon ami leprechaun aime – pour ne pas dire adore – les petits déjeuners traditionnels irlandais à base de bouillie d'avoine accompagnée de thé. Des plats modernes, tels que des crêpes, n'augurait rien de bon auprès de mon ami leprechaun, et par extension, pour notre tour.

« Pourrais-je avoir deux bols de bouillie d'avoine en plus, s'il vous plaît ? » demandai-je, le plus aimablement possible. Elle ne se doutait pas de l'importance de sa réponse.

« Pourquoi deux ? Vous êtes seule, » répondit-elle, un peu irritée, et je la vis décider que je faisais partie de la catégorie des touristes pénibles. Aussitôt qu'il eût entendu sa réponse, mon ami leprechaun sauta sur ses pieds et, me jetant un regard qui disait « C'est tout de ta faute ! » quitta la pièce d'un pas furieux. Il me sembla en cet instant que je n'étais pas la seule à pouvoir bénéficier d'une leçon sur le thème 'plus de légèreté' !

Le petit déjeuner terminé, je me dirigeai vers le salon pour la réunion du groupe. Comme j'avais hâte d'annoncer la liste des sites sacrés que nous n'allions *pas* visiter. Youppie ! Pour empirer les choses,

Brian n'était d'aucune aide, ce dernier étant parti confortablement au site suivant pour s'assurer, en ses termes, 'que tout était en ordre'.

« Bon, je suis contente qu'il ait prit la balle en main » pensai-je avec optimisme. « Au moins, notre tour semble remis sur pied ! »

Nous étions si nombreux à s'être réunis dans le salon que nous débordions dans la salle à manger et dans le couloir. Plus de la moitié des personnes n'avait pas de chaises et s'appuyait contre divers murs ou sur l'épaule de leurs voisins. Notre guide Michael se coinça à côté de moi, débordant sur ma chaise, le leprechaun se tenant de l'autre côté. Michael et moi nous efforçâmes d'apporter une touche positive sur les modifications du tour. Pendant ce temps, le leprechaun scrutait avec attention l'assemblée à travers ses bifocales, qui ne cessaient de glisser du haut de son nez. Lloyd, n'était plus tout jeune. Âgé de plus de cent ans, soit un âge mûr pour un élémentaire, il était sujet à la myopie, comme tant d'autres humains vieillissants.

Le groupe accepta les changements plus gracieusement que je n'avais osé l'espérer. Beaucoup, comme Diana, Helen et Molly, étaient mes amis, mes élèves ou m'avaient déjà accompagnée à un tour par le passé et ils avaient foi que tout allait bien se passer. Quels optimistes innocents nous étions durant ce premier jour ! Des conditions idéales pour le leprechaun et le Craic pour nous cuisiner à leur façon.

Encore sous l'illusion de nous croire maître de notre destin, et dans le but de mieux se connaître, chacun de nous tira une carte du jeu de cartes des anges, illustrées de mots et d'images positives. C'était notre manière de demander à l'univers le thème de notre tour. La carte tirée pour le groupe fut 'clarté' et celle choisie pour le leprechaun 'simplicité'. »

« Cela veut peut-être dire que tu dois veiller à ce que tes leçons restent simples, pour que nous 'humains' puissions les comprendre sans peine, » pensai-je avec encouragement dans sa direction.

« Ne t'inquiète pas, ma chère. Nous avons là une troupe d'humains qui n'a pas froid aux yeux. » dit-il, avec un sourire espiègle. « Et mes amis et moi avons préparé un grand pèlerinage pour vous enseigner les voies du Craic. »

Malgré mon envie de poursuivre la conversation, je dus m'interrompre car la pile de cartes des anges venait d'arriver chez moi. Plongeant ma main dans le sac, je tirai la carte 'grâce'. A mes yeux, la grâce avait toujours été associée au Saint-Esprit, la présence féminine du divin. La carte 'grâce' m'assurait qu'il aurait des *cadeaux* dans tous les événements qui allaient se produire durant ce tour.

« Ton idée chrétienne de la 'grâce' est proche de ce que nous irlandais appelons le 'Craic' » dit mon ami avec un ton de professeur, me dévisageant par-dessus ses bifocales. « C'est là où la magie et la joie sont au rendez-vous, là où vous ne recevez pas ce que vous avez prévu, mais ce qui n'était pas prévu. »

« Ô Seigneur ! », rétorquai-je en imitant son accent irlandais, « Est-ce que tu appelles une leçon 'simple' pour nous autres pauvres humains ? Je ne vois pas bien où tu veux en venir. »

« Tu ne peux pas concevoir le Craic avec tooon esprit », répondit-il en souriant, imitant mon accent canadien en retour. « Le *cadeau* est dans l'expérience même, et nous autres élémentaires allons vous emmener à travers des grands moments de Craic. Au fait, nous avons prévu une visite de Craggaunowen pour remplacer *ta* visite annulée du Parc Historique d'Ulster. Il est temps de se mettre en route ! » conclut-il avant de sauter sur ses pieds et de disparaître.

Nous autres « humains » eûmes besoin d'un peu plus de temps pour rassembler nos bagages, avant de parcourir la courte distance qui nous séparait de Craggaunowen. En descendant du bus, nous fûmes confrontés à un Michael plutôt confus – imaginez un guide n'ayant rien à dire ! Je courus au kiosque d'entrée et empoignai une pile de brochures en allemand et en anglais – les Italiens n'avaient pas de chance – and nous nous mîmes en quête de visiter le site par nous-mêmes. Cela faisait des années que je n'étais pas retournée à Craggaunowen et j'espérai que le site serait aussi intéressant que j'en avais gardé le souvenir. Par chance, nous avions le vent en poupe ce jour-là, et la grâce nous accompagna tout du long.

Craggaunowen est une reconstruction d'un *crannog*- une île artificielle où les gens construisaient des maisons, s'occupaient des animaux et vivaient en relative sécurité vers la fin de l'âge du Bronze et durant l'âge du Fer (600 AEC à 400 EC). Les maisons de cette époque consistaient en des constructions d'acacia enduites de torchis et recouvertes de toit de chaume. Craggaunowen comptait aussi une forteresse circulaire faite de terre et de murs en pierre, encerclant ce type d'habitations et de communautés paysannes qui étaient courantes en Irlande jusqu'au 13ème siècle.

Craggaunowen

La beauté de Craggaunowen consiste dans le fait qu'il est possible de voir de ses propres yeux comment les Irlandais ont vécu durant plusieurs milliers d'années jusqu'à l'arrivée des temps modernes. A l'époque où ces gens habitaient à l'intérieur de ces forteresses circulaires, le niveau d'éducation était tel que l'irlandais était, après le grec et le latin, la troisième langue écrite d'Europe. Non seulement les moines et savants irlandais contribuèrent par leurs voyages au maintien de la civilisation durant le haut Moyen Âge, mais il est très probable qu'ils naviguèrent jusqu'en Amérique.

A Craggaunowen se trouve la reproduction d'un petit- et j'entends par là *vraiment* petit – bateau avec une coque en cuir, semblable à celui avec lequel saint Brendan, décédé en 583, aurait découvert la « Terre promise » de l'autre côté de l'Atlantique. Cette reproduction fut d'ailleurs utilisée pour naviguer d'Irlande à l'Amérique du Nord, prouvant ainsi que les Irlandais auraient pu devancer Christophe Colomb et les Vikings de plusieurs centaines d'années.

Tout en arpentant le chemin forestier pour revenir à notre bus, je songeais à la grande chaleur humaine du peuple irlandais, dont peut témoigner toute personne ayant un jour voyagé en Irlande. Cependant, si vous restez plus longtemps et prenez le temps de les découvrir plus en profondeur, vous verrez une autre qualité des irlandais – une riche tradition mystique, qui imprègne l'Irlande depuis l'aube de son histoire.

« C'est tout à fait exact », lâcha Lloyd, alors que je remontais dans le bus pour notre prochaine destination : la fontaine miraculeuse de Sainte Brigid.

« Toutefois », dit-il, en se laissant tomber dans le siège à côté de moi, « Si tu as l'intention de raconter une histoire, autant qu'elle soit exacte », ajouta-t-il, à la manière d'un vrai *seanchaí* – terme que les irlandais utilisent pour désigner les conteurs traditionnels.

« A l'époque comme tu as pu voir à Craggaunowen, il y avait davantage d'êtres élémentaires que d'êtres humains en Irlande. Nous avions chacun notre propre culture, même s'il y avait une fécondation mutuelle, si tu vois ce que je veux dire. »

« Non, y a-t-il moyen d'être plus 'exact' ? », le taquinai-je, lui reservant sa tournure.

« Je disais donc », reprit-il avec un air hautain, mais non sans une étincelle d'humour dans ses yeux, « que nous autres élémentaires sommes bien plus avancés que les humains dans le domaine de la musique, de la narration et de la poésie. Une raison pour laquelle l'irlandais – l'humain, donc – est si bon dans la récitation de contes et de poésie, est dû au fait que ce sont nous qui leur ont enseigné cet art. »

« Les êtres humains et les élémentaires étaient donc, autrefois, en bons termes en Irlande ? » demandai-je.

« Pas seulement en Irlande. Les humains et les élémentaires éprouvait, autrefois, un respect mutuel pour les traditions et les talents dans le monde entier. » ajouta le leprechaun. « Ceci changea, bien sûr, avec l'avènement de la technologie ; c'est la raison pour laquelle il est dit que les élémentaires n'aiment pas le fer. L'argent, l'or et le cuivre sont nos métaux, mais avec le fer vint la technologie, et avec lui, le début du déclin accéléré des élémentaires. »

Mon compagnon ne me parlait pas uniquement avec des mots, mais également par images télépathiques. Il illustra son récit par une foule d'élémentaires acculés au bord d'une falaise abrupte par des humains brandissant des ordinateurs et des téléphones portables.

« Mon Dieu, te voilà bien grincheux », dis-je sur le ton de la plaisanterie, en lui envoyant par télépathie l'image du petit déjeuner où il avait été privé de bouillie d'avoine.

« Il est vrai que la plupart des premiers moines et nonnes d'Irlande n'étaient pas si mal. » dit-il, s'adoucissant et faisant un effort pour ne pas sourire. « Je parle évidemment de ceux qui vénéraient la terre et les anciennes traditions. Brigid était l'une d'elle. Savais-tu que sainte Brigid porte en réalité le nom de Brighid, une des déesses les plus puissantes de ce que vous humains aimez à appeler religion 'païenne' ? »

« Elle a même construit au 5ème siècle un monastère pour les nonnes et les moines à Kildare, sur un site dédié à ta déesse 'païenne' Brighid, » rajoutai-je, avide de faire le lien.

Lloyd m'interrompit, pour être sûr que je comprenais bien la 'vraie' histoire. « Le père de Brighid, Dubhthach, était un roi païen de Leinster. Il croyait en nous et dans les anciennes mœurs, mais sa mère Brocca, était malheureusement une chrétienne baptisée par *ce* Patrick. »

Je n'étais que trop consciente que mon compagnon leprechaun était en faveur de Brigid, et pas trop friand de *'ce'* Patrick, qui avait fait de son mieux pour bannir le culte des déesses et de la nature hors d'Irlande.

« La bonne nouvelle est que sainte Brigid, tout comme saint Patrick, fait partie des saints patrons d'Irlande, ce qui rétablit le lien avec la déesse mère. » lui dis-je d'un ton conciliant. « Il est fort probable que sans des chrétiens celtes comme Brigid, le christianisme patriarcal aurait effacé toute trace de culte de la déesse et des religions de la nature bien avant le 12ème siècle – comme ce fut le cas dans le reste de l'Europe. »

« Ceci dit », répliqua-t-il, se levant de son siège, tant il aimait avoir le dernier mot, « il serait grand temps que les humains retrouvent un équilibre avec les êtres élémentaires, la Terre, et les lois naturelles. Et en ce qui me concerne, je suis bien déterminé à faire ma part pour que cela se produise. »

A cet instant, nous arrivâmes à la grotte où se trouve la fontaine miraculeuse de sainte Brigid et notre groupe descendit du car. Je rejoignis Michael pour son discours sur l'historique du lieu. Un discours qu'il prononça avec une confiance retrouvée, connaissant de nombreux faits au sujet de ce site. Je n'écoutais que depuis quelques minutes lorsque j'entendis la voix du leprechaun.

« Pourrais-tu emmener les 'huuumains' par ici et les mettre en cercle ? », cria-t-il dans ma direction.

Heureusement, Michael était en train de terminer. Je fus donc en mesure de diriger les 'huuumains' vers l'entrée de la grotte où se tenait le leprechaun, et leur suggérai de former le cercle comme demandé par ce dernier.

« Michael, vous pouvez volontiers vous joindre à nous, » lui proposai-je, tandis que les autres se mettaient en route.

La fontaine miraculeuse de Sainte Brigid

« Non, ça ira, merci », répondit-il, toujours souriant, les bras croisés sur la poitrine. Une manière qui disait clairement en irlandais « Jamais de la vie. » Lors des autres voyages que j'avais organisés, les guides avaient toujours voulu participer aux rituels spirituels. J'étais donc déçue de la réaction de Michael, non seulement pour moi-même, mais également pour l'esprit de groupe. Toutefois, le tour ne faisait que commencer, et j'avais donc encore espoir que mon ami leprechaun parviendrait à le faire changer d'avis.

Me dirigeant vers l'entrée de la fontaine miraculeuse, je fus surprise de voir que le leprechaun tenait le même bâton que celui de la statue de sainte Brigid, ressemblant à une sorte de croisement entre un bâton de berger et une crosse d'évêque. Une coiffe sophistiquée, rappelant la coiffe des papes du Moyen Âge durant les cérémonies spéciales, remplaçait son gibus habituel.

Dans la hiérarchie des leprechauns, le chef leprechaun, qui serait l'équivalent de notre pape, est appelé « Le Grand ». Bien que je susse depuis longtemps que mon ami leprechaun jouissait d'une haute estime de la part de ses congénères et d'autres esprits de la nature, je n'avais pas réalisé jusqu'à cet instant, qu'il était également un de leur grand leader spirituel. Les leprechauns sont connus pour leur discrétion, et malgré le nombre d'années que nous nous connaissions, mon ami parvenait toujours à me surprendre avec une nouvelle part d'information. Me remémorant ses propos dans le bus, je réalisai alors que Lloyd, en tant que leader auto-désigné du côté élémentaire pour notre tour, préparait son propre rituel de guérison à notre intention.

« Donne une bougie à chaque 'humain' et demande à chacun et chacune de garder le silence, » me dit le leprechaun, en redressant sa coiffe balancée précairement sur sa tête et qui menaçait de tomber.

Lorsque chacun fut en possession d'une bougie, le leprechaun pointa sa crosse en direction de l'entrée de la grotte et une lumière intense jaillit de l'intérieur. Il voulait effectuer un rituel de guérison pour le puits de Brigid et pour notre groupe et se servait des énergies du lieu pour le faire. Une profonde paix envahit la grotte. Les images de sainte Brigid et de la mère Marie sur les rochers, surplombant la source, renforçaient la connexion harmonieuse entre la déesse 'païenne' de la nature, et le christianisme celte. Des petits ornements en argent et en or représentant des bras et des jambes, des rubans colorés, et des fleurs fanées, laissées par des pénitents, à la recherche de guérison se laissaient entrevoir, embellissant les murs à l'intérieur de l'entrée.

Je fus touchée par la révérence dont ces trente hommes et femmes firent preuve en attendant d'entrer. Âgés entre la trentaine et les soixante-dix ans, nous étions venus des États-Unis, du Canada, de la Hollande, de l'Allemagne, de la Suisse, d'Italie et de la Grande-Bretagne. Il était difficile de trouver un groupe plus hétéroclite, avec les européens d'un certain âge, habillés de pantalons beige classiques et chaussures à lacets, se tenant aux côtés de jeunes américains aux mèches bleues, drapés de couleurs pastel flamboyantes. Cependant, chacun tenait sa bougie en silence ; certains les yeux fermés en prière, d'autres en contemplation de l'entrée.

Quand ce fut mon tour, j'entrai dans la grotte, me mis à genoux, et priai pour la terre et pour tous les êtres. En regardant à ma droite, je remarquai avec surprise que le leprechaun s'était lui aussi agenouillé. Cela était d'autant plus surprenant que l'humilité n'était pas sa qualité première. J'attendais en silence qu'il ait terminé, et nous sortîmes ensemble de la grotte.

« Que signifie ce puits pour toi ? » lui demandai-je doucement par la pensée.

Arraché de sa contemplation intérieure, un état qui lui était plutôt inhabituel, il me répondit : « Les puits miraculeux ont toujours existés en Irlande, bien avant l'arrivée du christianisme. Ces eaux ont un pouvoir guérissant, car elles sont énergisées par les courants d'énergie de l'esprit qui traversent la terre. »

« Nous autres 'humains' appelons ces courants énergétiques les leylines, ou lignes du dragon. Elles forment une sorte de réseau reliant les points d'acupuncture de la terre. »

« Tout à fait », reprit mon ami avec exubérance, son amour d'enseignant reprenant le dessus. « Comme *je* disais donc, ces courants d'énergie de l'esprit fusionnent avec la nature, nourrissant la terre entière et ses habitants. A certains endroits, l'énergie est si grande qu'elle bouillonne jusqu'à la surface, donnant à l'eau le pouvoir de guérir toutes sortes de maux. L'eau de ce lieu fait partie d'une des plus puissantes d'Irlande. »

« Pour les pèlerins, le pouvoir guérisseur de cette eau dépend-il s'ils croient en la mère Marie ou de sainte Brigid ? » demandai-je.

« A ce sujet, il existe deux écoles de pensée chez les élémentaires, » répondit-il, dans son ton le plus scolaire. « Tout comme il y a des fondamentalistes humains, il existe des fondamentalistes chez les êtres élémentaires. Ces derniers pensent que seule leur voie est la meilleure, et ils ne veulent rien entendre des autres. Les fondamentalistes élémentaires n'aiment pas l'idée que les chrétiens se soient appropriés leurs sources sacrées. Cependant, je ne suis pas d'accord avec eux ; sinon, je n'amènerai pas *notre* pèlerinage ici. »

Jubilant à sa propre assertion concernant la direction de 'notre' tour, le leprechaun partit d'un rire ventru, laissant accidentellement tomber sa coiffe de pape. Cela ne le fit que rire encore plus. Finalement, se ressaisissant avec plus de dignité qu'il ne pouvait contenir, il me sourit, et, avec un clin d'œil, disparut.

Alors que les gens rassemblaient leurs affaires, un des membres du groupe, Carl, un médecin allemand reconnu, s'approcha de moi. Grand et mince, avec de longs cheveux blancs tombant de son front dégarni, toujours attirant et en bonne forme malgré ses presque soixante-dix ans, Carl élabore des médicaments à partir des sources guérissantes du monde entier.

« L'eau de ce puits est d'excellente qualité. Son taux vibratoire est très élevé. » Commenta-t-il avec son rauque accent allemand, son pendule, un bloc note et une fiole d'eau à la main. Il me dit un chiffre qualifiant le taux de vibration, un chiffre dont je ne parviens pas à me rappeler, les chiffres ne semblant jamais vouloir rester avec moi. Carl, cependant, semblait confirmer tout ce que le leprechaun venait de dire.

« Et pourquoi pas ? » J'entendis la voix de Lloyd dans ma tête. « Dr. Carl et moi sommes en excellents termes. Il travaille avec les élémentaires tout le temps. »

Ce fut la dernière fois que je vis mon ami leprechaun ce jour-là. Nous continuâmes notre route vers les falaises de Moher, pour nous rendre ensuite à Galway, une ville fameuse pour la meilleure musique irlandaise d'Irlande. Malheureusement, nous étions logés en banlieue, répartis dans cinq pensions différentes. Le coordinateur du logement semblait un ami fidèle de Brian. Sans commentaire. Tout à leur honneur, nos hôtes proposèrent d'emmener les amateurs enthousiastes de musique en ville. Plusieurs d'entre nous répondirent à l'appel, et quelques voitures partirent en ville.

Diana, toujours partante pour aller écouter de la musique, ou pour n'importe quelle sortie d'ailleurs, Kirsten, une belle blonde élancée attirant à coup sûr le regard des hommes, et moi-même, nous engageâmes dans les vieilles ruelles étroites de Galway, à la recherche de musique irlandaise traditionnelle. Passant devant les devantures en bois et en pierre de magasins séculaires, croisant des personnes locales parlant le gaélique, nous atteignîmes le quartier des bars. Des étudiants sortirent en riant d'un pub où retentissait le son de disco et de rap, nous indiquant que la musique du 21ème siècle avait également infiltré Galway.

Sans nous laisser décourager pour autant, nous poursuivîmes notre quête, à l'affût du pub le plus ancien. Au milieu d'un contour, Diana, toujours la première à repérer le meilleur parti dans une situation, trouva un pub avec une vieille façade en bois et une porte obscurcie par l'âge. Poussant la porte toute grande, elle nous conduisit vers une grande salle remplie de mortels joyeux, pinte à la main, remplie de breuvages variés. Des mélodies traditionnelles flottaient dans l'air, à travers le vacarme ambiant.

Un pub traditionnel irlandais ne ressemble pas à ceux de l'Amérique du Nord. Pour commencer, on n'y mange pratiquement pas. Il ne s'agit pas d'un restaurant, mais plutôt d'un lieu pour prendre un verre ou deux, avec quantité de conversations. Commander ce fameux verre n'est d'ailleurs pas facile, la foule, épaisse de deux ou trois personnes, s'agglutinant en général autour du bar central. Mais quels yeux perçants ont ces barmans ! Ils semblent pouvoir repérer le plus petit de leurs clients – qualité qui est la mienne en général – à travers la grappe humaine, pour lancer, « Qu'est-ce que ça sera ? » Souvent, si leur voix ne porte pas, ils désignent simplement un verre, et le client montre du doigt la poignée de pression de son choix. Une fois le verre rempli, un chemin s'ouvre en général vers le bar pour permettre au client de payer. Surprenant phénomène !

Ensuite, armé d'une Guinness sombre et épaisse, ou dans mon cas, d'un panaché de bière amère et de limonade, on essaie de ne pas renverser son verre alors qu'on se fait bousculer de tous côtés par les gens en route vers les toilettes, le bar ou la porte de sortie. De minuscules tabourets autour de tables encore plus petites bordent les murs, mais n'imaginez surtout pas que vous puissiez en trouver un de libre. A quoi bon se faire des illusions ? La meilleure chose à faire consiste à essayer de s'approcher le plus possible des musiciens. Impossible de les localiser de manière visuelle, il faut suivre son oreille pour les trouver. Ils ne sont pas sur une scène, comme cela serait le cas en Amérique du Nord. Ils sont juste assis dans un coin, quelque part. Les irlandais ne font normalement pas attention aux artistes ; comme expliqué auparavant, ils sont là avant tout pour boire un coup et pour discuter. Cependant, suivez les touristes et vous les trouverez agglutinés autour des musiciens. La grande Kirsten avait une bonne tête de plus que Diana et moi et, une fois les musiciens repérés, elle nous fraya un passage vers eux, armée de son sourire le plus ravissant. Les hommes éblouis firent place « au soleil », Diana et moi dans son sillage.

Cette nuit-là à Galway, trois musiciens jouaient de la guitare, de la flûte et du petit tambour à main irlandais qu'ils appellent le *bodhran*, prononcé 'bowrun'. Il se trouve que je fantasme follement à l'idée de jouer le bodhran. Je ne pouvais donc quitter des yeux la jeune femme qui en jouait. Il est souvent difficile de distinguer entre un musicien amateur ou professionnel en Irlande, tant sont nombreux les irlandais qui jouent pour leur propre plaisir. Ces trois musiciens étaient pas mal du tout, et, si typique des musiciens irlandais, ne s'adressaient à l'audience que pour introduire leurs chansons. Leur temps, ils le passaient à jouer.

Aussi agréable que fut le pub et la musique, notre petite sortie prit fin avant vingt-trois heures, heure de la 'dernière commande' des pubs respectant la loi, et le début de la nuit plutôt avancé pour des standards irlandais. La journée avait été longue, et il fallait que nous soyons bien reposées pour l'ascension de la montagne Croagh Patrick le lendemain matin. Allongée dans mon lit, je me remémorai la journée et senti un sentiment de gratitude m'envahir pour tout ce que j'avais reçu – Craggaunowen, la fontaine de sainte Brigid, une belle musique et un panaché doux-amer au pub, des supers compagnons de voyage… et mon ami leprechaun, Lloyd. Autant de parfaits cadeaux de grâce.

« N'oublie pas de remercier le Craic, » entendis-je encore du leprechaun triomphant, alors qu'il glissait ces derniers mots dans ma pensée.

Chapitre 3

L'ascension de Croagh Patrick

Il est l'heure de se lever ! » retentit la voix guillerette du leprechaun. Ouvrant à demi les yeux, je le vis penché au-dessus de moi, portant un sac à dos et s'appuyant sur un bâton de randonnée. Il n'avait renoncé ni à gibus, ni à ses sabots irlandais, ce qui rendait le tableau plutôt cocasse.

« J'ai pensé qu'un endroit dédié à St. Patrick aurait été le dernier endroit où tu aurais voulu te rendre. N'as-tu pas toujours dit qu'il était l'ennemi ? » demandai-je en baillant. Je soupçonnais que les élémentaires, choisiraient plutôt les entités païennes qui les respectaient, plutôt que les entités chrétiennes.

« Le fait est, ma chère petite », dit-il avec humour, « que nous allons reprendre la montagne aujourd'hui. Le reek (le nom local pour Crough Patrick) est la plus haute montagne d'Irlande et bien avant la venue de Patrick, il était la demeure des dieux célestes. Nous l'appelions *Cruchan Aigli* en irlandais, ce qui signifie la Montagne de l'Aigle et il s'agit pour sûr d'un lieu de pèlerinage fréquenté depuis plus longtemps que les 1500 ans proclamés par les humains. Même vos annales mentionnent l'existence d'une forteresse circulaire à son sommet avant l'ère chrétienne, et des tombes mégalithiques, des dolmens et des sites funéraires ont été trouvé autour du Reek. Tu vois donc que le Reek n'est pas juste pour les chrétiens, mais qu'il est aussi d'importance pour les élémentaires et les païens. Donc debout, et espérons qu'on aura du porridge décent ce matin. »

Sur ces paroles, il se dirigea lentement vers la porte, fit un grand théâtre pour l'ouvrir et, se moquant de l'effort nécessaire pour les humains, il plaça laborieusement un pied devant l'autre alors qu'il franchissait le seuil. Souriant de ses moqueries, je rassemblai rapidement mes affaires de randonnée et parti prendre le petit déjeuner. Sur le buffet se trouvaient des fruits, du jus, du corn flakes, mais devinez quoi – pas de porridge. A cet instant, l'hôtesse fit son apparition.

« Pourrais-je avoir deux bols de porridge s'il-vous-plaît », et je rajoutai à la hâte dans une tentative de rester équitable « si je renonce au lard et aux saucissons avec mes œufs ? ». En réalité, je ne mangeais plus de porc depuis plus de deux décennies, ce qui fait que ce compromis ne me causait aucune peine.

Peggy, une des membres de notre groupe, mangeait juste à côté. Grande et athlétique, elle portait une veste beige de randonnée, couverte de poches. Entendant notre conversation et comprenant pourquoi je demandai deux bols de porridge, elle intervint « Il peut avoir le mien. »

Notre hôtesse nous regarda bizarrement, car il n'y avait pas d'"il" dans la pièce, mais elle revint quelques minutes plus tard avec deux bols bien remplis de porridge. Elle posa les deux bols devant moi et je poussai alors discrètement un des bols vers la place apparemment vide ä ma droite.

Mon ami leprechaun saisit une grosse cuillère – pas de petits couverts pour lui – et commença à entamer le porridge. « Du vrai porridge, riche et crémeux, » dit-il d'une voix étouffée entre deux bouchées. « Pas comme ces trucs instantanés dans un paquet qu'on essaie de faire passer pour du porridge de nos jours. »

Je dois dire que je partageai l'opinion de mon ami sur ce point, n'étant moi-même pas adepte de ces 'trucs instantanés'.

« Ton amie là-bas, » marmonna-t-il indistinctement en pointant sa cuillère remplie de porridge dans la direction de Peggy, « elle va avoir une très belle expérience sur la montagne aujourd'hui. »

Je dirigeai mon regard vers Peggy, qui, tête baissée et des lunettes sur son nez, mangeait timidement son porridge de son côté.

« Y-a-t-il un rapport avec le fait que Peggy t'a fourni ta portion de porridge ce matin ? » demandai-je amusée, convaincue d'avoir raison.

« Ceux qui nous aident, nous les aidons, » répliqua-t-il. « Tu le sais bien. C'est le pot rempli d'or que nous leprechauns offrons à ceux qui nous respectent et nous viennent en aide. C'est sûr, parfois c'est de l'argent que nous donnons aux gens. Mais la plupart du temps, notre 'or' consiste à amener de la magie et des opportunités dans votre vie, pour que vous autres humains puissiez-vous développer dans le meilleur de vos capacités. Le tout toujours avec un soupçon d'humour, bien entendu. »

« Et penses-tu que je pourrais avoir un peu d'aide pour que le pèlerinage d'aujourd'hui se passe sans encombre ? » demandai-je avec charme, essayant de tirer profit de sa bonne humeur.

« Oh, nous allons vous apporter BEAUCOUP d'aide aujourd'hui, » répondit Lloyd en finissant son petit déjeuner et se redressant. « A tout à l'heure, à la montagne. »

Après son départ, je réalisai qu'il n'avait pas vraiment confirmé ma demande quant à une journée se déroulant sans encombre. J'ai appris, au cours des années, que les omissions dans le discours des leprechauns étaient souvent indicatrices que la magie du Craic n'était qu'à quelques pas.

Quelques instants plus tard, alors que la plupart d'entre nous avait terminé de manger, notre hôtesse vint rassembler les couverts.

« Qu'allez-vous faire aujourd'hui ? » demanda-elle.

« Nous allons monter sur le Croagh Patrick », répondit gaiement Marion, de toute évidence, le pèlerin le moins sportif de notre groupe.

Un lourd silence suivit avant que notre hôtesse ne réplique « Oh, je l'ai fait lors de mon voyage de noces, et c'était affreux. J'y suis à peine arrivée et je ne le referai plus jamais. »

De toute évidence, il était grand temps que le leader du groupe clarifie la situation. « Mon guide touristique indique qu'il faut compter deux heures pour la montée, ou une heure si on marche vite. » dis-je avec une voix que j'espérais calme.

« Non, non, » répliqua-t-elle, en secouant la tête d'un air sceptique. « Il faut compter quatre à cinq heures pour la montée et la descente, et ça, si vous êtes en forme. Je ne monterais pas sans une bonne condition physique. » ajouta-t-elle, en regardant Marion et ses kilos en trop avec un air significatif.

J'avais rencontré Marion, une américaine adorable d'âge mûr, la veille seulement. Elle s'était inscrite à ce tour parce qu'elle adorait mon livre et cherchait à vivre une expérience avec les êtres élémentaires. A en croire les propos de notre hôtesse, j'espérais maintenant sincèrement qu'elle allait s'en sortir.

« Ô Seigneur, » pensai-je intérieurement, non sans une dose d'apitoiement sur mon sort. « Y-aura-t-il la moindre chose qui se déroulera aussi facilement que prévu ? » Ni mon agence de voyage canadienne, ni Gallows ne m'avaient prévenue d'une quelconque difficulté à monter sur la montagne, ou qu'il fallait compter plus de deux heures, comme indiqué dans la brochure.

Alors que le groupe montait dans le bus, je demandai à Paddy, Michael et Brian, agglutinés comme des sardines, si l'un d'eux avait déjà tenté l'ascension. « Non », fut la réponse unanime, mais Michael avait entendu dire qu'il fallait compter au moins quatre heures.

« Est-ce que l'un de vous va nous accompagner aujourd'hui ? »

demandai-je avec espoir.

« Non, sans moi. » répondirent-ils à l'unisson. Je fus choquée de constater que Gallows n'avait prévu aucun guide pour nous accompagner, ne serait-ce que pour une question de sécurité. Il devenait aussi de plus en plus évident, qu'aucun de nos accompagnateurs n'avait la moindre envie de visiter des sites spirituels. Pour eux, le tour était strictement d'ordre commercial. Si je pouvais comprendre le point de vue de Paddy, en tant que conducteur de bus, ou de Brian, en tant qu'organisateur de voyage, j'étais ahurie de la part de Michael, qui écrivait des livres au sujet des êtres élémentaires et donnait des enseignements sur des thèmes spirituels.

« Vingt-cinq mille pèlerins chrétiens montent la montagne chaque année en juillet, et ça, si possible pieds nus. Quel mal aurions-nous à le faire ? » pensai-je, essayant de me rassurer.

A mesure que nous nous approchions, Croagh Patrick se dressait, de plus en plus imposant. Pas bon signe. Je n'étais pas la seule avec mes appréhensions, nombre d'entre nous ayant entendu les commentaires de l'hôtesse, sur cette marche, le matin même. Je fus donc soulagée, lorsque j'aperçus à notre point de départ un homme vendant des bâtons de randonnée.

Me rendant directement à son stand, je lui posai sans détour les questions critiques : « Combien de temps faut-il compter pour le tour et quelle est le niveau de difficulté selon vous ? »

« Ah, comptez en tous cas quatre heures », répondit-il, en balayant les hommes et femmes de notre groupe du regard pour estimer leur niveau physique.

« Quel est le niveau de difficulté ? » demandai-je une deuxième fois, pour être sûre d'être renseignée le mieux possible.

« J'y monte tout le temps » fut sa réponse.

Cet homme devant être proche de la fin cinquantaine ou début soixantaine, cela me rassura quelque peu. J'aurais dû me souvenir toutefois que la condition physique des irlandais diffère de celle des nord-américains, les irlandais menant en général un style de vie plus actif, avec davantage de marche et d'activité en plein air, particulièrement en zone rurale.

Entre temps, certain de nos pèlerins s'étaient déjà décidés à ne plus monter les 765 mètres les séparant du sommet. J'étais soulagée que ces derniers, face aux informations reçues, prenaient une sage décision. Je tenais pourtant à ce que tout le monde expérimente le pouvoir de la montagne, avec ou sans son ascension. Je demandais donc à tout le monde de former un cercle. Alors que nous nous rassemblions, des élémentaires de l'élément air se joignirent à nous et le vent gagna en force.

Notre bon vieux Lloyd nous observait en périphérie. Il était accompagné de nombreux élémentaires de toutes tailles, portant tous des tenues de randonnée. Des hommes et femmes elfes, grands et solennels, semblaient sortir tout droit d'une publicité d'un magazine de haute couture. A leurs genoux se pressaient des gnomes et des brownies qui se surpassaient les uns les autres dans leurs couleurs brillantes, dignes de réveiller toute personne douée de 'deuxième vue'. Deux jeunes trolls, pieds nus, s'appuyaient sur des bâtons de randonnée fait d'un jeune arbre. Pendant ce temps, un leprechaun trapu dans un veston moulant vert et rouge aidait sa compagne, habillée d'une longue jupe marron, à ajuster son sac à dos. A leurs côtés, un gobelin avec un long nez, chaussé de chaussures de randonnées surdimensionnées, tentait de se tenir tranquille en vain, furetant de ses yeux çà et là, comme s'il était à la recherche d'une espièglerie.

Sur l'ordre de Lloyd, tous les êtres élémentaires formèrent un cercle autour du notre. Le nombre d'êtres élémentaires étant égal à celui des humains, je réalisais alors que chaque élémentaire avait l'intention d'accompagner un humain durant ce pèlerinage. Mon ami leprechaun et moi avions œuvré de nombreuses années pour amener les êtres élémentaires et les humains à travailler ensemble pour la guérison de la terre. Et voilà que cela se réalisait ici. Je sentis les larmes me monter aux yeux.

Croagh Patrick a été un site de pèlerinage Chrétien depuis plusieurs centaines d'années. Saint Patrick, ainsi que sainte Brigid, sont tous deux saints patrons d'Irlande. On dit que saint Patrick aurait jeûné durant quarante jours, sur le sommet de la montagne, en l'an 441, et qu'il aurait construit une église par la suite. Des restes d'une église près du sommet furent datés par carbone 14 à l'an 432, venant confirmer cette légende orale.

À la fin de son jeûne de quarante jours, Saint Patrick aurait combattu la reine des serpents, bannissant ainsi tous les serpents d'Irlande. Aucun serpent n'ayant existé en Irlande depuis la dernière glaciation, les serpents bannis par Patrick symbolisent les druides et les anciennes religions basées sur le féminin sacré, qui tous deux considéraient le serpent comme étant un être sacré. En raison de sa mue annuelle, le serpent symbolise la mort, la renaissance et la transformation, dans les religions basées sur la nature.

Il est probable que la raison principale pour laquelle saint Patrick ait choisi le Reek fut parce que les druides fêtaient le rituel païen de *Lughnasa*, nommé à partir du dieu soleil Lugh des Tuatha De Danann, à son sommet. De fait, le pèlerinage chrétien a lieu le dernier dimanche de juillet, ce qui coïncide avec la fête des récoltes de Lughnasa.

S'il est possible de faire un pèlerinage en Irlande, sans rencontrer sainte Brigid, il serait impossible de ne pas croiser saint Patrick. Malheureusement pour le leprechaun et ses compagnons élémentaires, saint Patrick n'eût que trop de succès dans la christianisation de l'Irlande païenne. Bien que saint Patrick ne fut pas le premier missionnaire de Grande Bretagne, il fut celui qui eut le plus grand impact. Il n'est pas certain si Patrick ait été lui-même un moine.

Il fonda toutefois de nombreux monastères à travers toute l'Irlande, avant de mourir en l'an 493, âgé de plus de cent ans.

M'adressant à la fois aux êtres humains et aux élémentaires, je leur dis : « De la même manière que le pape Jean Paul II demanda pardon pour les atrocités commises par l'église catholique, nous êtres humains devons demander pardon pour ce que nous avons fait à la terre, aux êtres élémentaires et à nos corps physiques. »

Les elfes, ainsi que les leprechauns plus âgés acquiescèrent solennellement en silence, alors que les gobelins et les gnomes hochaient leur tête en approbation, tout en claquant des mains le dos de leurs compagnons. Mon ami leprechaun appuyé sur son bâton de randonnée me sourit avec indulgence, comme un professeur donnant son approbation à un bon élève.

M'adressant cette fois aux humains, je continuai : « Le but n'est pas simplement d'atteindre le sommet, mais de trouver votre propre rythme et de gravir la distance que votre corps désire. Certains d'entre vous vont peut-être marcher durant une dizaine de minutes pour ensuite s'asseoir en contemplation. D'autres ressentiront peut-être le besoin d'effectuer l'ascension complète, et si tel est le cas, qu'ils le fassent également pour ceux qui ne peuvent le faire ou préfèrent ne pas le faire. Il est important de réaliser notre interdépendance. »

Je brûlai de la sauge pour nous purifier, et les élémentaires se pressèrent entre les humains pour se faire purifier par la fumée, eux aussi. Les gobelins toussèrent bruyamment et firent semblant de s'étrangler en se serrant la gorge, alors que de nombreux gnomes et brownies viraient au vert, malgré eux. Pendant ce temps, les elfes firent gracieusement un pas en arrière, emportant une volute de fumée dans leur retrait. Les deux jeunes trolls, quant à eux, se comportaient comme de jeunes humains adolescents, inspirant la fumée pour souffler des anneaux à qui mieux mieux.

Une fois le rituel de purification terminé, les humains rassemblèrent bâton de marche, pique-nique et boisson, et entamèrent l'ascension en silence. Diana, fidèle à la déesse grecque athlétique dont elle avait reçu le nom, prit la tête du groupe. J'observai les élémentaires, curieuse de voir quel élémentaire allait accompagner quel humain, lorsque mon ami leprechaun, dans une humeur excellente, vint me rejoindre.

Croagh Patrick

Dr. Carl était accompagné d'un elfe aussi grand que lui, qui partageait le même air savant que sa personne. Sans grande surprise, le compagnon de Kirsten était une elfe séduisante dans un atour flottant, probablement une princesse dans le royaume élémentaire. Molly semblait avoir attiré un gobelin aux yeux rougeâtres et au nez crochu lui arrivant à sa taille, dont les mains noueuses agitées apparaissaient et disparaissaient par alternance. Les gobelins faisant généralement partie des voyous du monde élémentaire, j'étais plutôt surprise que l'un d'entre eux veuillent accompagner un humain. Peggy était en train de monter à une bonne allure, assistée par une femelle brownie qui semblait prête à l'aider à tout instant, portant de grosses lunettes et une veste de randonnée coordonnée avec celle de Peggy. La petite brownie n'arrivait qu'à la hauteur de ses cuisses, et essayait en vain de suivre les grandes foulées de Peggy.

Il y avait des combinaisons peu probables que seuls les élémentaires pourraient comprendre. Le couple de Ute et Wolfgang était particulièrement intéressant : ces personnes avaient consacré leur vie entière à développer des remèdes curatifs à base de plantes. Ils étaient accompagnés de nombreux élémentaires tels que brownies, gnomes ainsi que de petites fées des fleurs – chacun s'efforçant de se tenir le plus près d'eux possible. Ute, victime d'un trop grand nombre d'années de surmenage à aider les autres, n'était pas dans sa meilleure forme physique et peinait à marcher. Les élémentaires, apparemment conscient de ce fait, n'étaient que trop heureux de lui venir en aide, tout comme son mari Wolfgang, aguerrit par ses nombreuses années de cueillette de plantes sauvages en pleine nature, qui restait à ses côtés.

Durant la première heure, Ute, Wolfgang, Dr. Carl, et au moins la moitié des pèlerins s'arrêtèrent et se mirent à la recherche d'un lieu tranquille pour poursuivre leur ascension sous forme de contemplation silencieuse. Je marchai hâtivement pour m'assurer de l'état des autres pèlerins. Je dépassai Marion qui respirait bruyamment, continuant lentement son ascension vers le sommet. Les deux trolls adolescents se bousculaient l'un l'autre pour déterminer à qui reviendrait l'honneur de l'aider.

Les trolls ont souvent écopé d'un mauvais rôle dans les contes de fées, tel que celui de mangeur d'hommes ou autres, mais je considère qu'ils ont leur manière de se rendre utile. Ils sont certainement les musclors du monde élémentaire et ceux accompagnant Marion ne faisaient pas exception. Bien qu'âgés seulement de douze ou treize ans de nos années, les trolls de Marion étaient déjà larges avec des bras pendant presque jusqu'à terre. Leurs pieds et leurs mains gigantesques étaient totalement disproportionnés par rapport au reste de leur corps, et ils étaient excessivement poilus au vu des standards humains.

Il ne faisait pas de doute que chacun d'entre eux aurait été en mesure de soulever Marion, pas une petite femme, si l'envie leur en prenait. Mais à la place, ils se contentaient de marcher patiemment à ses côtés, en traînant des pieds.

Après deux heures, l'ascension était devenue ardue et Diana, en tête de file, s'arrêta, fit volte-face, et commença à redescendre. Diana fait de la gymnastique quotidiennement, et nous avions déjà effectué ensemble plusieurs randonnées d'une semaine, donc je savais parfaitement combien elle était en forme.

« Mon Dieu », pensai-je intérieurement, « Si Diana n'y parvient pas, il n'y a pas d'espoir pour moi, ou pour la plupart d'entre nous, d'atteindre le sommet. »

Elle remarqua probablement mon désarroi, car arrivée à ma hauteur elle rompit volontairement son silence pour me dire « Tous ces éboulis rendent l'ascension difficile et je viens de réaliser que je n'ai pas besoin de prouver quoi que ce soit en atteignant le sommet. »

Diana avait réalisé le vrai sens de l'écoute et du respect de son corps et avait pris une décision qui était contraire à ses habitudes.

Mon choix était différent, car j'avais le sentiment de marcher non seulement pour moi-même, mais aussi pour tous ceux qui n'y arrivaient pas. Je glissai plusieurs fois sur les pierres and je dus parfois utiliser mes deux mains pour avancer. J'étais sur le point de renoncer à mon tour, lorsque de jeunes hommes, pieds nus, délicats et vulnérables comparés aux trolls, apparurent à la sortie d'un contour juste au-dessus de nos têtes. On pouvait voir qu'ils étaient en train de célébrer un rite de passage à l'âge adulte, en effectuant l'ascension de la même manière que les pèlerins des siècles passés. Je me sentis privilégiée d'être le témoin de leurs efforts et, rompant mon silence, leur lançai « Bravo à vous ! », et avec une voix où perçait la lassitude « c'est encore loin ? »

« Vous y êtes presque, encore une vingtaine de minutes, peut-être », répondit un des jeunes hommes, radieux, manifestement fier de sa prouesse du jour.

Encouragée par ses mots, je choisis de persévérer et atteignis enfin le sommet, peu de temps après. Malgré le temps nuageux ce jour-là, la vue restait époustouflante. De cet endroit, on pouvait sentir l'histoire des millions de pèlerins qui avaient effectué l'ascension de Croagh Patrick. Chacun était venu pour une raison différente, l'un peut être pour faire le deuil d'un être cher, l'autre pour prier et être touché par la grâce du Saint-Esprit, pour obtenir un nouveau travail, ou être guéri d'un mal physique. Pour ma part, ma marche silencieuse avait été effectuée dans la gratitude que mon corps, bien que n'étant plus dans la fleur de l'âge, me permettait toujours d'apprécier des randonnées et des pèlerinages. Quelle chance d'avoir un corps fort et en bonne santé alors que tant d'autres en était privé !

Le vent était violent au sommet, comme si les êtres élémentaires de l'air étaient en train de 'reprendre' la montagne, comme l'avait laissé entendre mon ami leprechaun, le matin même. Au fur et à mesure que nos pèlerins arrivaient, arrivaient également les êtres élémentaires. Lloyd rassembla à part les elfes, brownies, gnomes et même le gobelin qui avait été avec Molly, pour une raison que je ne pus identifier clairement. Cependant, étant donné que le Reek avait été un ancien site de pèlerinage pour Tuatha Dé Danann, considéré comme les ancêtres des êtres élémentaires, je soupçonnais que le rassemblement avait un certain rapport avait eux. Je dirigeai mon attention vers les élémentaires, mais ne pus croiser le regard d'aucun d'entre eux. Je sentis comme un mur invisible que je ne devais pas franchir.

Tous les êtres élémentaires étaient parvenus jusqu'au sommet. Contrairement aux humains, les êtres élémentaires peuvent voyager à travers l'espace et temps, en se contentant d'y penser. Cela signifie que les élémentaires auraient pu se contenter de penser d'être à ce sommet, pour y être. Ils n'avaient pas besoin de s'essouffler le moindrement et, cependant, ils avaient choisi de s'associer avec leur bien plus lent compagnon.

Respectant le désir des élémentaires de rester seuls, j'entamai lentement la descente. Elle s'avéra être encore plus difficile que la montée. Peggy, qui était en grande forme, me dépassa bientôt sur le chemin du retour. J'étais impressionnée par sa vitesse, lorsque, sans crier gare, je la vis tomber et se cogner la tête contre un rocher. Priant intérieurement qu'elle ne se soit pas blessée, j'accourus à ses côtés. Le temps de la rejoindre, Peggy s'était redressée, avec une grosse bosse émergeant déjà sur sa tempe.

« Je crois que je n'ai pas fait assez attention. », dit-elle, couvrant sa bosse de sa main.

« Est-ce que ça va ? », demandai-je, examinant doucement sa blessure, consciente du fait que des blessures à la tête pouvaient être graves.

Réajustant ses lunettes et sa veste, elle se remit sur pieds et ri de mon inquiétude. « Je vais bien. Par contre, je pense que je vais marcher un peu plus lentement. »

J'étais presque sûre que la chute de Peggy correspondait au 'cadeau' de la part des élémentaires, mentionné par le leprechaun au petit déjeuner, bien que, pour être honnête, je n'apercevais pas d'élémentaires autour d'elle. De fait, sa petite compagne brownie se trouvait probablement encore au conclave du sommet, et, étant donné que les brownies sont les êtres élémentaires les plus serviables auprès des humains, il était peu probable qu'elle fut responsable de ce mauvais coup. Parce que les êtres élémentaires peuvent voir dans le futur, j'en déduisis que mon ami leprechaun avait dû voir ce qui allait arriver à Peggy.

Par ailleurs, si des êtres élémentaires s'intéressent à vous, ils peuvent vous donner un coup de coude vers une guérison nécessaire. Les élémentaires sont les jardiniers spirituels de ce monde, donnant un petit coup de ciseau par-ci et par là, pour nous rendre encore plus beau et plus fort. Leur tâche est de corriger les déséquilibres qu'ils perçoivent chez tous les êtres vivants. Leurs cadeaux viennent souvent dans un emballage étrange ; la leçon est souvent comprise rétroactivement, pas dans le moment présent.

Une chose merveilleuse, au sujet de la majorité des personnes avec lesquelles j'ai eu la chance d'effectuer ces tours et pèlerinages, est leur nature généreuse et positive. Peggy ne faisait pas exception. Elle ne se plaignit pas de sa blessure et nous poursuivîmes la descente ensemble, plus lentement.

« Je viens du milieu ouest des Etats Unis et je n'avais encore jamais voyagé à l'étranger », dit-elle paisiblement, raccourcissant sa foulée pour suivre mes pas, plus courts.

« Quel début ! » pensai-je, alors que je lui demandai en même temps « Pourquoi vous êtes-vous jointe à ce tour ? »

« Pour beaucoup de raisons. L'une d'entre elles est que je voulais voyager avec ma sœur Melanie, une autre raison est que je voulais vous rencontrer. Mais tout est encore très nouveau pour moi, les êtres élémentaires et tout ça, car je me considère plutôt chrétienne. »

Je fus touchée par l'ouverture, la confiance et le courage de Peggy qui s'aventurait hors de son cadre traditionnel pour tenter l'approche spirituelle non-conventionnelle de notre groupe. A environ une demi-heure avant le pied de la montagne, je laissai Peggy poursuivre la descente seule, alors que j'attendis sur place pour m'assurer du retour sain et sauf de chacun.

Plusieurs personnes s'arrêtèrent quelques minutes pour me dire qu'ils avaient ressenti la présence des élémentaires auprès d'eux, certains d'entre eux les ayant même aperçus avec leur deuxième-vue. Ce pèlerinage de Croagh Patrick avait été émouvant pour nombre d'entre eux, mais ce n'était pas encore terminé. Une heure plus tard, deux femmes n'étaient toujours pas revenues, et je retournai au bus pour demander conseil. Le pèlerinage avait duré à présent plus de cinq heures et certaines personnes étaient, de manière compréhensible, fatiguées d'attendre et impatientes d'aller dîner.

Malheureusement, il nous était impossible de partir avant l'arrivée de Caitlin et de Marion. A cet instant, Caitlin, ses mèches bleues balayées par le vent et une expression alarmée dans ses yeux intenses en forme d'amande, s'engouffra dans le bus. « Marion est encore loin derrière. Un monsieur essaie de l'aider, mais elle est épuisée. » haleta-t-elle, à bout de souffle.

Même la présence des deux jeunes trolls ne semblait pas avoir été suffisant pour Marion. Il fallait maintenant que des humains lui viennent en aide. Notre guide, Michael, ne broncha pas le moindrement, tout comme Paddy. Je me remis donc sur pied, suivie immédiatement par Diana et Max. Diana, par bonheur, était reposée, n'ayant pas effectué la montée dans son entier, et Max, que je connaissais depuis mes deux tours précédents, était toujours prêt à venir en aide à toute personne se trouvant dans le besoin.

Max est un homme complexe et le cinquième mari de Melanie, la sœur de Peggy. Expert d'art, internationalement reconnu et vivant à Santa Fe, au Nouveau-Mexique, Max est un gars pratique qui ne serait normalement pas attiré par un tour spirituel. En fait, je ne pense pas qu'il croyait aux êtres élémentaires, mais il adorait l'histoire et la culture d'Irlande et écoutait le discours de Michael avec attention, posant beaucoup de questions et avide de partager ses lectures à ce sujet. Max, contrairement à Diana, ne recherchait pas l'exercice physique et n'avait que peu marché ce jour-là. Mais, avec son grand cœur, il voulait venir au secours de Marion.

J'étais reconnaissante de la présence de Diana et de Max, vu que j'étais moi-même complètement lessivée. Les autres se rabattirent sur biscuits, crackers ou tout ce qui leur tombait sous la main pour contrer leur faim. Heureusement, Marion était plus proche que nous le pensions, et nous ne tardâmes pas à la voir apparaître à la sortie de l'un des derniers contours de la randonnée, aidée par un homme. Ses jeunes trolls l'accompagnaient encore, bien que leur regard fuyant et leurs pas hésitants trahissaient leur nervosité à l'approche du car et de la civilisation. Il était huit heures du soir avant que Marion n'ait pu rejoindre le bus, saine et sauve, où elle fut acclamée par ses compagnons de marche.

En revanche, la posture tendue et le silence de Michael et de Paddy trahissaient un mécontentement manifeste. De toute évidence, le tour ne se déroulait pas selon leurs attentes . Tournant la clé dans le contact, Paddy passa sèchement la première vitesse et se mit en route pour le village de Keel, sur l'île d'Achille, là où nous allions passer les jours à venir.

« Alors, n'était-ce pas une superbe journée ? » dit Lloyd, se mettant à l'aise dans le siège à côté de moi.

Sans attendre ma réponse, il baissa son regard pour contempler ses pieds desquels s'élevait de la vapeur et continua « Mais mes pieds, pour sûr, sont fatigués. J'ignore comment vous humains faites ce genre de marche. Mais cela était nécessaire pour reprendre cette montagne de Patrick. Elle se trouve sur une des lignes énergétiques que tu as mentionnées hier. »

« Veux-tu dire par là que Croagh Patrick n'est plus chrétien à présent ? » demandai-je, intriguée à ses mots.

« Eh bien, pas exactement », expliqua mon ami patiemment. « Disons que tes amis et les miens ont contribué à balancer l'énergie pour que ce soit plus équitable pour les humains et les élémentaires. Tu peux voir d'ailleurs combien tes amis en ont profité. » dit-il, en se retournant sur son siège pour regarder en arrière.

Il avait raison. Bien que Ute, Marion, Caitlin et d'autres encore avaient les yeux fermés dans une sieste bien méritée. L'énergie du groupe était bien supérieure à ce qu'elle avait été avant cette excursion.

« Comment as-tu fait exactement pour balancer l'énergie aujourd'hui ? » demandai-je, avide de comprendre son point de vue sur le sujet.

« Une des manières consistait à marcher ensemble, en oubliant pour un moment le passé entre les humains et les élémentaires. De voir combien il était difficile pour vous de marcher, a contribué à développer notre sympathie, si tu vois ce que je veux dire ? On pourrait dire que vous êtes en quelque sorte handicapés, comparés à nous qui pouvons aller où bon nous semble par notre seule pensée. »

« Ce fut une très belle leçon aujourd'hui », acquiesçai-je « à propos de ce que nous apprenons lorsque nous allons au-delà de nos limites physiques, comme Marion, ou spirituelles, comme Peggy. Parfois, la vie ne nous offre pas de filet de sûreté – pas d'information, ou pas d'aide », dis-je, montrant Michael de la tête. « Et pourtant, lorsqu'on s'engage à faire quelque chose de nouveau, notre énergie augmente. »

« Si tu continues à penser de manière positive, et que tu ne restes pas bloquée par la culpabilité et les soucis, ton énergie augmente. » ajouta mon sage ami, voulant avoir le dernier mot.

« Je suis curieuse de savoir ce vous, êtres élémentaires, avez fait au sommet de la montagne ? » demandai-je, ramenant le sujet vers les élémentaires au lieu des humains.

« Si nous avions voulu que tu le saches, tu aurais été invitée », rétorqua le leprechaun. « Ne crois pas déjà tout savoir. Tu es encore ce que tu es, alors que moi, je suis Lui-Même. »

« Que veux-tu dire par 'Lui-Même'. » ? demandai-je, intriguée par le terme.

« Chacune des quatre provinces traditionnelles d'Irlande, Ulster, Connaught, Leinster et Munster, avait un Roi élu, » répondit le leprechaun, prenant son ton de professeur. « Nous autres élémentaires restons fidèles à cette tradition et chaque province a un leprechaun élu appelé 'Lui-Même'. Nous respectons les anciennes lois – que vous humains appelez Lois Brehon – qui sont basées sur ce qui est bon pour la communauté, et pas seulement ce qui convient à l'individu, ce que vous humains considérez comme teeellement important. Selon nos lois, il reviendrait aux humains de payer des réparations aux êtres élémentaires. La prière de pardon que vous avez fait aujourd'hui, alors que vous vous apprêtiez à grimper la montagne, était déjà un bon début. »

« Cela me réchauffe le cœur d'apprendre que tes compagnons élémentaires sont prêts à pardonner aux humains ce qu'ils ont fait à la Terre, et qu'ils étaient nos partenaires aujourd'hui. Mais... j'ai encore une question. », demandai-je, changeant de sujet et essayant de comprendre son rôle, « Es-tu en train de dire que tu es une sorte de roi aux yeux des élémentaires ? »

« C'est tout à fait ça, ma fille », répondit-il, « et même plus que cela, selon certains, » marmotta-t-il. Avant que je ne puisse clarifier ses propos, il ajouta : « Quoi qu'il en soit, il vaut mieux que j'y aille et que je me prépare à vous accueillir, toi et tes amis, chez moi, à Achill. Nous avons encore deux trois choses à régler. » Sur ces termes évasifs, Lloyd disparu.

Chapitre 4

Retour à Achill

Je me réjouissais de retourner dans le petit village de Keel sur l'île d'Achill. C'était précisément dans un vieux cottage, en bordure de ce village, que j'avais rencontré pour la première fois mon ami leprechaun, bien des années auparavant. Lui et sa famille avaient vécu dans ce cottage depuis au moins cent ans, et j'y avais séjourné le temps d'un été. J'étais retournée à Achill à deux reprises depuis, y compris il y a six ans, avec un autre groupe. Pour moi, c'est toujours comme si je retournais à la maison. Ce sentiment, je le devais tout particulièrement à l'Unicorn, une auberge familiale où nous allions passer nos deux prochaines nuits.

J'étais venue à connaître les propriétaires de l'Unicorn alors que je m'étais récompensée, un certain soir, d'un diner dans leur restaurant, alors que je vivais encore dans le cottage. J'aimais beaucoup leur fille Mary, qui était comme une sœur pour moi. Il est étrange de constater comment les rencontres se font, et comment nos cœurs peuvent s'ouvrir à ces occasions, mus d'une reconnaissance aillant au-delà de notre vie présente. C'est ce que je ressentais pour Mary. J'avais eu également beaucoup d'affection pour la mère de Mary, qui travaillait encore dans la salle à manger la première fois que j'étais venue à Keel, mais qui était décédée depuis. Lors de mon dernier voyage, j'avais également commencé à faire la connaissance de Sean, le mari de Mary, et je me réjouissais de le revoir également.

Mary et Sean avaient convenu de servir le dîner pour notre arrivée à 21h30, soit 2h30 plus tard que prévu. Oui, cette nuit nous allions dîner à l'irlandaise : tard, très tard.

Brian était parti en avance à Keel et au Unicorn pour s'assurer que tout soit prêt à notre arrivée. Nous roulions depuis un moment lorsque le téléphone de Paddy sonna. Je reconnu à sa manière de répondre que c'était Brian au bout du fil. A sa voix anxieuse et son dos voûté, il me fut aisé de reconnaître qu'il n'aimait pas ce qu'il entendait.

Coupant la communication, Paddy me regarda par-dessus son épaule et me dit : « Brian ne pense pas qu'il soit possible d'emprunter la route menant à Keel, à cause de la largeur de notre car. Nous devrons nous stationner quelque part et chercher un autre moyen de transport. »

« Comment ça, un autre transport ? », demandai-je, loin d'être ravie par ce nouveau cours d'événements. « Keel est un village avec à peine quelques centaines d'habitants. La prochaine ville où nous pourrions trouver des taxis se trouve à une demi-heure de route. Êtes-vous déjà allé à Achill, Paddy ? »

« Non, » dit-il. « Qui aurait envie d'aller à Achill ? » me lança le dublinois, sur un ton de citadin convaincu.

Paddy tenait à son nouveau bus comme à la prunelle de ses yeux. Il n'avait pas voulu le salir en interdisant l'utilisation des toilettes, et maintenant il refusait de prendre le risque de l'égratigner en l'engageant sur un sentier fait pour des chevaux et des charrettes, et pas pour un bus moderne à cinquante places. Mais ne vous méprenez pas à mes mots. Paddy était un excellent conducteur. Simplement, il était nerveux lorsqu'il s'agissait de se rendre dans un endroit où il n'avait jamais été. Je ne pensais actuellement pas qu'il y aurait un problème à emprunter le sentier menant à l'Unicorn, mais je me doutais bien que l'avis d'une femme canadienne aurait bien peu de chance de l'emporter sur celui de Brian, employeur de Paddy et Irlandais de souche, qui de surcroît, se trouvait sur place. Il m'était risqué d'intervenir, d'autant plus que je n'étais, et n'allais certainement jamais devenir, chauffeur de car.

« Paddy » dis-je désespérée, car je ne pouvais juste pas m'imaginer les trente d'entre nous en train de trimballer nos bagages durant trois heures ou plus, le long d'un sentier de campagne dans le noir. « J'ai déjà vu des cars de la même taille que le nôtre traversant Keel, donc je sais que cela peut être fait. Le pire qui puisse arriver, si vous n'arrivez pas à emprunter le sentier menant à l'Unicorn, est que nous devions marcher les cent derniers mètres avec nos bagages. »

« Vous êtes bien sûre de vous ? »

« Oui, j'en suis sûre », répondis-je avec le maximum d'assurance que pouvait me permettre les circonstances « J'ai vécu un été à Keel et j'ai déjà séjourné à l'Unicorn avec un groupe. »

« Ok, on essaie. » dit Paddy, choisissant de me faire confiance.

J'étais au bord de l'épuisement. Non seulement à cause de la marche, mais à cause de tous ces problèmes qui survenaient de manière imprévisible. Après seulement deux jours, on avait déjà récolté plus de problèmes que dans aucun de mes tours des vingt dernières années. Je commençais à réaliser que Brian tentait de rattraper le manque de planification de ce certain James le Lep. Le résultat étant que Paddy et Michael étaient tout aussi mal préparés, causant du stress pour tout le groupe.

« Je t'avais dit que nous allions tout arranger. » me dit la voix du leprechaun dans ma tête, et je réalisai que cet incident avec le bus était ce dont il avait fait allusion quelques instants plus tôt. « Et ne va pas accuser James. Il nous a aidé pour le Craic et, sans lui, il n'y aurait pas la moitié de la magie à votre disposition. Tu dois me faire confiance comme Paddy vient juste de le faire. Quelle serait l'utilité d'un pèlerinage où vous sauriez à l'avance tout ce qu'il va arriver ? Il n'y aurait aucun apprentissage et aucun plaisir à le faire. C'est la raison pour laquelle les humains perdent leur joie de vivre et c'est ce dont nous nous chargeons : vous redonner la joie du Craic – comme par une transfusion magique. Si Marion avait su que cela allait prendre huit heures, elle n'aurait jamais fait l'ascension du Reek. Regarde-la maintenant, n'est-elle pas contente d'elle-même ? »

Me retournant, je croisai le regard de Marion, dont un sourire plein de satisfaction rayonnait sur le visage. Lloyd avait raison, une fois de plus. Malgré ses méthodes peu orthodoxes en comparaison avec nos standards humains, on devait admettre qu'il parvenait à transformer les gens.

« Bienvenue à la maison, » continua-t-il, alors que nous arrivions à Achill.

Le nom d'"Achill Island' est trompeur étant donné qu'Achill n'est plus une île et qu'il est possible d'y accéder directement par la terre, en passant près de Mulranny. La topographie change immédiatement après avoir traversé le pont d'Achill Sound. Une étendue ouverte et accidentée remplace les lignées de rhododendrons sauvages bordant la route jusque-là. Les collines deviennent plus hautes, les arbres plus rares, et des bungalows à un étage viennent moucheter le paysage par-ci, par-là, des colonnes de fumée d'un feu de tourbe s'élevant de leur toit.

Ces simples habitations sont construites proches du sol pour couper la force du vent qui souffle continuellement à Achill. Environ trente minutes plus tard, le village de Keel apparaissait dans le lointain, juché à la tête d'une baie entourée de larges falaises.

Je sentis mon cœur me monter dans la gorge ; c'est chaque fois pareil lorsque je reviens à Keel. La magie de l'Irlande est toujours vivante dans le West Country, et je pouvais la sentir même depuis le bus. Il y a une ouverture et une nostalgie dans cette contrée qui réveille le mystique en soi. Le voile entre les deux mondes est plus fin à Achill car les élémentaires y résident encore auprès des humains.

La plupart d'entre nous étaient maintenant réveillés, et de joyeux « Regarde ! », « Ooh ! » et « Aah ! » retentissaient à travers le bus. Par chance, Paddy fut en mesure d'emprunter le sentier menant à l'Unicorn – une preuve que Dieu existe – où nous attendaient Mary et Sean.

« Soyez la bienvenue, » me salua Mary en me serrant dans ses bras, alors que nous trainions nos corps fatigués à travers l'entrée. Je n'avais plus vu Mary depuis plusieurs années, et malgré son âge mûr, elle avait toujours les cheveux sombres, la peau claire, parsemée de taches de rousseur et les yeux bleu-violet d'une beauté irlandaise.

« Je suis désolée pour notre retard, » dis-je. « Croagh Patrick nous a pris plusieurs heures de plus que nous avions pensé. »

« Pas de soucis. Vous êtes là maintenant et vous avez un bon repas qui vous attend. Disons dans une demi-heure à 22h ? Cela vous laisserait le temps de vous installer dans vos chambres et de vous rafraîchir. »

« Parfait », dis-je, ravie d'être dorlotée de la sorte. Je me sentais toujours à la maison avec Mary. « Puis-je avoir les clés et aider mes gens à trouver leur chambre ? »

« Certainement, » accepta-t-elle avec un sourire, et ensemble, nous pûmes mettre nos pèlerins à leur aise en peu de temps.

Mary m'avait mise dans une chambre charmante avec vue sur la baie. La lumière continuait à s'y attarder, et contemplant la vue magnifique, je pris un moment pour contempler et apprécier ma bonne fortune. J'étais de retour à Achill et j'avais la chance de faire partager à mes pèlerins la magie de ce lieu. Après un brin de toilette, je me changeai et déambulai tranquillement dans le long corridor à basse voûte menant à la salle à manger. C'était exactement comme je me souvenais : chaleureux, avec des murs jaune soleil et plein de fenêtres donnant sur le jardin et la mer. Les tables étaient dressées aussi magnifiquement que dans un restaurant cinq étoiles. Nos gens affamés arrivèrent quelques minutes plus tard, tous contents de leur chambre, et d'être à Achill.

Parce qu'il était si tard, le personnel de service avait déjà quitté les lieux, laissant un Sean débordé tentant de servir au mieux plus de trente personnes avec un appétit de loup. Melanie, parfaitement maquillée, et habillée impeccablement dans la dernière mode de Sante Fe, sauta sur ses pieds et fila prestement à la cuisine. Elle revint bientôt avec des plats chargés de mets délicieux, ses ongles rouges brillants, agrippant le plat avec sûreté. Bien qu'ayant l'allure d'une reine et qu'elle aurait certainement préféré à tout moment un hôtel chic à une tente, Melanie, tout comme son mari Max et sa sœur Peggy, était toujours prête à rendre service.

Mary était une excellente cuisinière et le dîner était délicieux, avec des portions généreuses de pommes de terre cuites et de carottes qui forment la nourriture de base des Irlandais. Un irlandais ne viendrait jamais à l'idée de ne manger qu'une seule patate, et serait insulté de se voir servir une quantité aussi minable. Comptez plutôt pour trois ou quatre personnes si vous vous trouvez en Irlande !

A Craggaunowen, j'avais acheté de l'hydromel, afin de le partager avec le groupe pour cet instant. L'hydromel est un vin préparé à base de miel, qui, dans les temps anciens, était bu lors des mariages et autres événements spéciaux. Son goût ressemble à du sherry, mais plus rond en bouche et de couleur dorée. Je suis, tout comme les élémentaires, une grande adepte de cette boisson, que mon ami leprechaun apprécie autant que la Guinness. Aussitôt que je commençai à le servir, les élémentaires apparurent. Voyant cela, j'invitai aussitôt les humains à partager, s'ils le désiraient, leur hydromel avec les élémentaires. Beaucoup choisirent de le faire et, après y avoir goûté les premiers, laissèrent le reste pour leurs amis élémentaires.

Si vous étiez clairvoyant, vous observeriez que les élémentaires boivent l'hydromel en aspirant son essence, si bien que la boisson se retrouve vidée de son énergie. Sans clair-sens, le verre d'hydromel sur la table semble le même qu'auparavant. Si un humain boit de l'hydromel après que les élémentaires en aient absorbé l'essence, la boisson ne contient plus aucune valeur nutritive et cela reviendrait à consommer un déchet, et rien ne dégoûte plus un élémentaire. Ceci dit, si jamais il vous arrivait de vous mettre un élémentaire à dos, il pourrait vous insulter en extrayant l'énergie nutritive de votre nourriture et vous laisser avec les déchets restants. Laissez-moi aussi vous assurer que vous ne trouverez jamais d'élémentaires aux alentours d'un restaurant fast-food. La nourriture dans ces lieux est déjà dépourvue d'énergie, sans leur intervention.

« Ne lésine pas ! » m'ordonna vous-savez-qui, attrapant le verre que j'étais en train de remplir.

Regardant autour de moi, je remarquai les élémentaires acceptant avec gratitude l'hydromel qui leur était offert. La petite brownie de Peggy semblait être déjà un peu pompette et tenait son verre à deux mains afin de ne pas renverser de goutte sur la nappe. Les minuscules fées des fleurs, exactement celles qui avaient accompagnées Ute sur Croagh Patrick, virevoltaient au-dessus de son verre en prenant des infimes gorgées qui entamaient à peine l'énergie de la boisson. Le gobelin de Molly, plus rapide que tous les autres élémentaires réunis, s'était boxé un passage parmi ses congénères, en direction des boissons offertes par leur compagnon humain. Voyant cela, les jeunes trolls décidèrent d'imiter le gobelin, et se mirent à arpenter pesamment autour de la pièce en quête de celui ou celle à qui ils pourraient subtiliser leur boisson, jusqu'à ce que l'elfe solennel de Dr. Carl n'intervienne en les réprimandant. Remarquant mon regard sur lui, le vieil elfe me remercia par un gracieux hochement de tête. Estimer l'âge d'un élémentaire est une tâche difficile, et ceci particulièrement avec les elfes qui conservent leur beauté même avec l'âge. Mais les yeux du vieil elfe reflétait une sagesse probablement acquise à travers de nombreux siècles.

Hannah et Sara, deux femmes suisses charmantes dans le début de leur soixante-dixième année, étaient assises tranquillement en attendant d'être servie à leur tour. Elles étaient toutes deux anthroposophes de leur vivant, ce terme désignant les élèves du guide spirituel du XXe siècle, Rudolf Steiner. Rudolf Steiner avait rencontré Lloyd presque cent ans auparavant, et l'avait assisté à former un groupe d'élémentaires prêts à travailler avec les humains. Je pris connaissance de cet événement alors que je vivais avec Lloyd et sa famille dans le cottage quelques années auparavant. Le rapprochement entre les élémentaires et les humains dans le but d'aider la Terre avait été depuis l'occupation principale de mon ami leprechaun. Hannah et Sara, ainsi que Ute et Wolfgang et les autres anthroposophes dans le groupe, étaient tous intéressés à travailler plus étroitement avec les élémentaires. C'était la raison principale de leur venue en Irlande.

« Cet hydromel n'est pas pour moi, il est pour les êtres élémentaires, » me dit la grisonnante Hannah en me tendant son verre, avec un sourire qui lui montait jusqu'au bord des yeux. Sara, plus grande et plus discrète que sa conviviale congénère, en fit de même. En cet instant, des gnomes gazouillants, hauts comme la table, se saisirent des verres avec gratitude et en vidèrent le contenu en saluant Sara et Hannah dans le mouvement. Mon ami leprechaun observait la scène, non loin de là. Croisant mon regard, il leva le verre que j'avais rempli pour lui et me remerciant d'un clin d'œil, vida le contenu d'une traite.

« Ces deux dames font parties de nos amis spéciaux, » dit mon ami élémentaire. « Elles sont toujours généreuses à notre égard, » me donna-t-il comme indice, en tendant son verre vide dans ma direction pour refaire le plein. « En fait, la plupart des anthroposophes croient en nous et nous avons un nombre considérable d'adeptes parmi eux. »

« Je croyais que Rudolf Steiner recommandait aux gens de ne pas boire, » commentai-je, serrant les dernières gouttes d'hydromel proche de ma poitrine. « Hannah et Sara, en tant qu'anthroposophes *convenables*, s'abstiennent de boire de l'alcool. »

« Eh bien, il y a règles et *règles*, » riposta-t-il, allongeant son bras encore davantage. « L'hydromel va me donner des forces pour demain, et je vais en avoir besoin – je suis votre guide après tout. De toute façon, une petite goutte n'a jamais fait de mal à personne. Cela ouvre simplement un peu plus la porte aux humains pour mieux nous apercevoir. »

Sur ce, il se saisit de la bouteille presque vide et, la levant dans ma direction, me souhaita une bonne santé dans un pur style irlandais. « *Slàinte* ! » me dit-il. « On se voit demain, à la première heure. Dis à tes gens de mettre des bonnes chaussures de marche. » Sur cette déclaration, il disparut.

Intriguée par ses derniers mots au sujet d'une marche, j'allais retrouver Michael, Paddy et Brian qui dînaient dans une pièce à part. Levant son nez de son repas, Brian commença, « Vous allez devoir marcher demain pour la bonne raison que vous n'aurez pas de bus. Paddy a droit à un jour de relâche tous les sept jours, c'est le règlement. »

« Comment ? Mais nous en sommes qu'au deuxième jour ! » pensai-je, prise au dépourvu.

Voyant ma mine choquée, Brian continua : « Paddy devra conduire chaque jour après notre étape ici, donc nous avons pensé que nous pourrions lui donner son jour de congé maintenant. »

C'était une proposition équitable, bien sûr. Simplement, si j'avais pu le savoir en avance, j'aurais prévu un autre programme pour notre groupe. Pour ma part, je préférais marcher, mais il y avait certains d'entre nous, comme Hannah, Sara et Ute, qui auraient bien du mal à se rendre aux différents sites à pied. En fait, je craignais fortement que certains n'y parviennent pas. Cependant, je commençais à accepter doucement ce qui ne pouvait être changé et à embrasser le Craic. Mon idée initiale d'être en charge de ce tour était en train de s'évanouir, face à la constatation que mes compagnons pèlerins et moi-même, nous étions devenus participants d'un pèlerinage conduit par le leprechaun.

« Rappelle-toi de me faire confiance ainsi qu'au Craic, de la même manière que tu t'es toujours fait confiance. C'est comme ça que tu trouveras le bon ton, » résonna la voix du leprechaun près de mon oreille. « Dors cette nuit sur cette leçon, ma fille. »

Chapitre 5

Le tour du Leprechaun

« Debout ! » entendis-je et, ouvrant les yeux, je vis le leprechaun avec un sac à dos qui avait triplé de taille depuis l'excursion de la veille. Il essayait, sans succès, d'ouvrir les lourds rideaux de la fenêtre. « Tout un programme aujourd'hui, tout un programme, » marmottait-il anxieusement, luttant avec la draperie.

Rejetant mes couvertures, je marchai vers la fenêtre et lui aidai à ouvrir les rideaux. « Alors, quel est l'itinéraire aujourd'hui ? » demandai-je guillerette, savourant la lumière du jour rentrant à flot. C'était une journée ensoleillée magnifique – si rare à Achill – et je savais que nous avions à remercier les êtres élémentaires pour leur intervention.

S'affalant sur une chaise, il sortit une énorme chemise de son sac à dos, sur lequel était inscrit en lettres ciselées *Pèlerinage pour les humains.* Poussant un bruyant soupir, Lloyd remonta sur son nez ses bifocales démodées.

« J'étais debout toute la nuit alors que tu te reposais comme une fleur », dit-il, me toisant par-dessus ses bifocales, « La journée est donc bien remplie. »

« A savoir… ? » le pressai-je de continuer.

« Tout d'abord nous irons chez Murchies prendre notre casse-croûte. Nous marcherons ensuite jusqu'à mon cottage, puis nous irons jusqu'au cimetière, suivi du dolmen, pour revenir finalement ici pour le repas du soir. Est-ce que tu aurais encore de l'hydromel, par hasard ? Je l'ai bien mérité, tu ne trouves pas, et nous allons recevoir beaucoup d'aide de la part de tous mes copains aujourd'hui. » Avec un clin d'œil et un sourire espiègle, il fit apparaître sur la table une gigantesque bouteille sur laquelle était marqué *Hydromel*, en lettre grasse.

« Ton plan m'a l'air très bien, » répondis-je, souriant à ses bêtises. « Je n'ai plus d'hydromel, mais je te promets de t'inviter pour une pinte après coup. »

« Marché conclu. », répondit-il, remplaçant l'image de la bouteille d'hydromel par un verre tout aussi gigantesque rempli à ras bord de Guinness mousseuse. Il fit ensuite tout une scène pour ranger ses bifocales dans leur boîtier vert criard, couvert de trèfles, avant d'essayer d'enfourner à nouveau son boîtier à lunettes et ses copieuses notes dans son sac à dos – en vain.

Les pages s'échappèrent de ses mains et s'éparpillèrent sur le sol. Au lieu de texte imprimé, chaque page contenait une image colorée en mouvement. Je reconnus la scène d'humains très fatigués faisant l'ascension de Croagh Patrick, accompagnés par des elfes et des gnomes d'amour, leur portant assistance. Cette image capturée correspondait manifestement à la perception que se faisait le leprechaun.

Une autre image illustrait ce qui ne pouvait être qu'un événement futur – un groupe heureux d'humains et d'élémentaires réunis dans une prairie au milieu d'une construction en ruine et écoutant l'histoire d'un conteur de grande taille avec une barbe grise. Je trouvai curieux que de nombreuses pages illustraient différentes versions de la même histoire, d'autant plus qu'il me semblait que certaines versions étaient définitivement plus désirables que d'autres.

« Pourquoi y-a-t-il plus d'une version du même événement ? » demandai-je, désirant comprendre le fonctionnement de son système.

« Cela dépend des choix que vous humains faites. La manière dont vous réagissez à certains événements détermine ce qui va vous arriver par la suite. » répondit Lloyd, comme s'il parlait à quelqu'un qui avait besoin de temps pour comprendre.

« Y-a-t-il quoi que ce soit que je puisse faire pour rendre le pèlerinage plus facile et plus drôle ? »

« Il ne s'agit pas tant de ce que tu fais ou ne fais pas. Il y a trente d'entre vous et le Trio – une allusion à Paddy, Michael et Brian – qui influencent le cours des choses, chacun d'entre eux prenant leur propre décision.

« Rends-moi ces pages étant donné que tu n'es pas sensée les voir ! », protesta mon ami, m'arrachant les pages des mains.

Accompagnés par d'autres soupirs interminables, le leprechaun se remit à fouiller dans son sac pour sortir une attelle en bois, des bandages, des bouteilles étranges portant des inscriptions encore plus mystérieuses, et une énorme bouteille d'eau sur laquelle était marqué *Energie d'urgence*.

« Allons-nous avoir besoin de tout ça ? », demandai-je, alarmée à la vue de ces articles.

« On ne sait jamais », dit-il, dans un ton de laisser-faire, rangeant à nouveau ces objets dans son sac. « Les gobelins du sentier veulent aussi faire partie du tour, et on ne peut pas inclure les uns et refuser les autres. »

« Ces mêmes gobelins qui n'aiment pas les humains ? » demandai-je, inquiète, me remémorant mon expérience pas trop glorieuse avec eux lorsque je vivais au Crumpaun Cottage.

« C'est bien ça. », affirma Lloyd. « Mais ils sont 'un peu' mieux si vous êtes avec moi », dit-il avec assurance. « D'ailleurs, cela n'aide pas qu'un idiot soit en train de construire une monstruosité moderne à côté de notre cottage. Les choses ne tournent pas rond pour lui. Il y travaille depuis plus de deux ans et il n'a toujours pas terminé. Tu t'imagines ça ? » rigola malicieusement le leprechaun.

« Mais disons plutôt que l'énergie est légèrement imprévisible aujourd'hui et pleine de surprises. Non pas que je m'en plaigne, puisqu'il s'agit d'un de nos jours favoris pour nous autres élémentaires. »

« Pourquoi l'énergie est-elle imprévisible aujourd'hui ? » demandai-je, essayant de rester calme.

« C'est vendredi 13, tu n'avais pas remarqué ? » répondit le leprechaun avec humour, et gloussant avec jubilation, disparu.

Fantastique ! Après ce que nos gens venaient juste d'endurer, mon ami élémentaire avait choisi un vendredi 13 pour mettre la barre encore plus haut. Je me résignai d'avance à d'autres imprévus. Le pèlerinage avait manifestement une vie propre et n'était pas sous le contrôle de ma petite personne humaine. Mon seul espoir consistait à faire confiance dans le processus, comme recommandé par Lloyd la veille. Avec cette pensée décantant dans mon esprit, je m'habillai et parti prendre le petit déjeuner.

Un petit déjeuner irlandais fabuleux nous attendait, avec des œufs préparés de différentes façons, des saucisses, du jambon, des frites maison et différentes sortes de toasts. Le porridge avait été trempé durant toute la nuit et mijoté juste comme il faut, de la manière préférée de mon compère leprechaun. Mmmmh ! Onctueux et crémeux, et non pas lourd et gluant comme l'œuvre des amateurs.

Peggy, Marion et Caitlin, toutes avides d'attirer les bonnes faveurs du leprechaun, mirent une portion de porridge à part pour lui. Pendant ce temps, la petite brownie de Peggy, les jeunes trolls de Marion et un petit elfe arrivant à la taille de Caitlin – son partenaire élémentaire – flânaient non loin de là. La douce petite brownie et l'elfe semblaient légèrement émoustillées de la veille et s'aventuraient à essayer un des breuvages humains addictif les plus terrible – le café.

Les deux trolls de Marion, qui semblaient définitivement s'être pris une cuite, descendaient autant de tasses de café qui pouvaient tomber sous leur main gigantesque.

Après le petit déjeuner, nous nous rendîmes tranquillement chez Murchies pour acheter des sandwiches pour le repas de midi. « Au moins, nous aurons de quoi manger, » pensai-je, amusée de constater à quoi se réduisait à présent mes critères d'une journée réussie. J'avais de bons souvenirs de Murchies lors de mon été à Keel. Il s'agissait d'une épicerie familiale qui faisait aussi office de bureau de poste, et je fus contente de constater que le lieu était resté presque inchangé depuis mon séjour dans ce village. La seule chose qui avait été ajoutée était un choix plus grand de charcuterie et de roulades, manifestement pour répondre aux besoins touristiques, bien que nous fussions aujourd'hui les seuls 'étrangers' à la ronde.

Tandis que les gens achetaient leur sandwich et des sucreries, je remarquai que des élémentaires, certains de la veille ainsi que des nouveaux, se rassemblaient dehors. La plupart d'entre eux portaient un sac à dos de randonnée. Comme lors de notre ascension de Croagh Patrick, il y avait un élémentaire pour chaque humain, plus quelques individus supplémentaires, qui, je le réalisai soudain, étaient des 'locaux'. De la même manière que des indices subtils vous permettent de distinguer un allemand d'un italien, vous pouvez sentir la différence entre un élémentaire irlandais et un américain. Nous semblions former notre propre Organisation des Nations Unies, tout aussi motivé à œuvrer pour la paix entre les nations que son homologue à New York. Malheureusement, il y avait aussi de jeunes gobelins qui rôdaient par-là, se tapant du coude et dévisageant les humains, semblant tout sauf sympathiques. Les jeunes trolls de Marion ainsi que quelques jeunes leprechauns semblaient faire partie du gang des gobelins. Pas bon signe.

Des hommes et des femmes elfes, habillés avec grâce, se tenaient un peu à part, un rien importunés par la mauvaise conduite des gobelins. Les elfes ne semblaient pas faire partie des 'indigènes', à en juger par le comportement des gobelins qui les pointaient du doigt. Il était possible que mon ami leprechaun ait invité des êtres élémentaires assortis à chaque nation de notre groupe. Il était vraiment extraordinaire que les élémentaires continuent leur pèlerinage avec nous. Cependant, il n'aurait pas été de trop de m'informer de ses intentions, car plus il y avait d'élémentaires, et plus nous allions avoir de surprises et de Craic. Mais connaissant mon ami, à quoi d'autres aurais-je pu m'attendre ?

Lloyd se tenait en marge du groupe des élémentaires, accompagné par un leprechaun plus jeune de taille similaire ou – que le Ciel garde sa fierté ! – légèrement plus grand. Me faisant signe, mon ami m'introduisit au jeune leprechaun. « Seamus, voici Tanis, » dit-il.

Seamus (à prononcer 'Shamus' et qui n'est pas son vrai nom, que je garde secret) sembla choqué que son nom me soit révélé si simplement. Les leprechauns ne disent normalement jamais leur vrai nom, pouvant être appelé et contrôlé à tout instant par ce biais. Mon ami leprechaun m'avait révélé son vrai nom, qui n'était évidemment pas Lloyd, l'été où j'avais vécu dans le Crumpaun Cottage. Il me fit confiance de le garder secret. Ce que je me suis appliquée à faire, jusqu'à présent.

« Je suis heureuse de faire ta connaissance, et ton nom est en sécurité avec moi, » dis-je, m'adressant à Seamus. Et hochant la tête en direction de mon ami, je lui demandai : « Quelle est ta relation avec cette vieille branche ? »

A mes mots un grand sourire éclaira le visage de Seamus. Avant qu'il ne puisse répondre, Lloyd se gonfla comme une autruche et, prétendant que sa dignité venait d'être blessée, il intervint : « Je l'ai pris sous mon aile et je lui apprends les ficelles du métier. »

Alors qu'il parlait, une grande paire d'aile descendirent au-dessus de ses épaules, alors qu'une pile confuse de cordes épaisses, dignes de ceux d'un chantier naval, apparaissait à ses pieds. Les leprechauns prennent un immense plaisir à faire référence à des expressions et symboles typiquement humains pour se vanter de leur savoir. Il est capable, comme la plupart des êtres élémentaires d'âge mûr, de manifester des images aussi simplement que les humains manifestent des mots, et il adorait enseigner par ce moyen.

« J'étudie avec Lloyd le Grand, » dit Seamus, en insistant bien sur son pseudonyme avec un rire. Je fus amusée de voir que Lloyd avait trouvé dans son protégé un élève à sa taille.

« Bon, en avant avec le spectacle ! », répondit mon compère, changeant délibérément de sujet. Il brandit son bâton de marche à la façon d'un majordome pour attirer l'attention de ses congénères, et se mit en route. Faisant signe aux humains qui s'étaient rassemblés à présent, j'emboîtai le pas de mon ami, sur la route principale.

Le 'centre-ville' de Keel n'avait pas beaucoup changé depuis mon été dans ce village, si ce n'est l'apparition de quelques petits magasins qui semblaient faire des affaires plutôt précaires. Après quelques minutes de marche, notre procession bifurqua sur le petit chemin de campagne où se trouvait mon ancien cottage - la maison du leprechaun.

Soudain, les élémentaires de notre procession se rangèrent prestement en formation auprès de nos humains. Je reconnus l'elfe ascétique de Dr. Carl, la brownie souriante de Peggy, et les jeunes trolls de Marion se glisser à côté de leur partenaire comme s'il s'agissait clairement de dire 'mon humain'. A ma surprise, des élémentaires indigènes de toutes tailles et de toutes sortes s'étaient alignés le long du chemin, acclamant, agitant des drapeaux, et nous désignant du doigt. De toute évidence, notre groupe d'humains étions comme des stars, étant donné que la plupart d'entre nous aimaient les petites gens et travaillaient avec eux. Nos partenaires élémentaires prenaient un immense plaisir à se pavaner aux côtés de 'leur humain'. Quelques gobelins, y compris ceux de Molly, s'étaient mêlés aux humains, leur donnant occasionnellement une accolade, ou faisant voler leurs chapeaux, sous l'acclamation de leurs compères gobelins. Entre temps, mon ami leprechaun avait pris la tête de la parade, soulevant son chapeau, hochant de la tête et faisant le plein de louanges - qu'il pensait évidemment avoir mérité – pour avoir amené autant d'humains sympathisant avec les élémentaires au village.

Nous atteignîmes finalement le Crumpaun Cottage. *Crumpaun* en irlandais signifie petite butte ou colline ; un nom approprié pour ce cottage perché au sommet d'une colline avec vue remarquable sur le village et l'océan. Malheureusement, une maison horrible était en construction juste à côté du cottage, gâchant la scène. La 'monstruosité chic', comme l'avait désigné le leprechaun, était gigantesque, totalement déplacée sur ce petit chemin de campagne. Pour être complète, il ne manquait plus que des colonnes et des statues de dieux grecs sur le porche. Cette maison n'avait définitivement rien à faire en Irlande, et encore moins à Keel. Le chantier semblait pourtant déserté depuis quelque temps. Il était aisé de reconnaître l'intervention du Leprechaun dans cette affaire, et je pensais qu'il était peu probable que cette demeure soit habitée un jour.

Crumpaun cottage se trouvait assez loin du chemin, séparé du mausolée par une large haie et une barrière. Des blocs de cristaux de quartz de la région étaient posés sur le lourd mur de pierre protégeant le cottage du chemin. Cela au moins, m'était familier. Scrutant le cottage du regard, je remarquai qu'il avait été totalement restauré depuis mon séjour. Les murs avaient été refaits en retirant l'ancien plâtre, exposant les pierres à nus, et en l'enduisant d'un nouveau crépi. Un toit de chaume avait remplacé les tuiles d'ardoise, faisant de ce cottage la seule chaumière de Keel. Il y a une pierre angulaire dans le cottage datant de 1742, et le toit original avait peut-être bien été en chaume, même si la plupart des toits de cette époque était fait de terre.

Le Crumpaun Cottage et moi

« Je vois que tu apprécies mes améliorations, » commenta fièrement mon ami, en montrant du doigt le cottage.

« Oui, c'est formidable, » lui dis-je sincèrement.

Le cottage rayonnait d'énergie, témoignant combien les changements lui avaient été salutaires. Une femme, qui venait passer ses étés à Achill dans son enfance et dont l'oncle était un docteur local, en était maintenant la propriétaire. Elle et son mari vivent à Dublin et ne viennent dans ce cottage que durant l'été ou durant les weekends prolongés. De toute évidence un dispositif idéal pour Lloyd, qui j'en étais certaine, avait fait le nécessaire pour obtenir un tel arrangement.

Continuant notre ballade le long du sentier, le leprechaun pointa du doigt les nouveaux bungalows en construction et secouant la tête avec ennui, remarqua : « Le 'Progrès' arrive à Keel. Depuis que le pays a rejoint le marché commun européen, le standard de vie s'est 'amélioré' en Irlande. »

Je compatissais avec mon leprechaun, mais qui aurait pu en vouloir à ces locaux de rechercher la prospérité qui leur avait échappé depuis tant de siècles ? Le progrès est une bénédiction à double tranchants, et le villageois risquait de n'en réaliser le prix qu'avec la disparition de sa paisible communauté. Je formulais une prière silencieuse afin que Keel, tout en embrassant la prospérité, soit en mesure de garder ses haies, ses sentiers et ses champs sauvages pour les êtres élémentaires, qui à leur tour, garderaient le Craic dans le village.

Un nouveau bâtiment avait été érigé au bout du chemin, pour abriter l'administration locale. Je m'y arrêtais pour une petite pause toilette qui fût fort bienvenue. La majorité de nos compagnons élémentaires avaient disparu, bien que certains d'entre eux apparaissaient ou disparaissaient sporadiquement dans notre réalité tridimensionnelle, comme pour observer si les 'humains' faisaient quelque chose d'intéressant. Réalisant que nous n'avancions que très lentement, en comparaison avec leurs standards, ils ne tardèrent pas à disparaître à leur tour.

Me tenant au côté du chemin en attendant les autres, je vis tout d'un coup Barbara, l'une d'entre nous, trébucher et tomber, sans raison apparente. Non loin de là, un jeune gobelin sautait sur place, tout fier d'avoir réussi son mauvais coup. Se relevant, Barbara remarqua : « Je ne sais pas comment ça a pu m'arriver. Mes pieds se sont tout d'un coup dérobés sous moi. Ça doit être un coup des élémentaires. » Comme elle avait raison ! Heureusement, elle ne s'était pas blessée et le gobelin n'était plus en vue, certainement parti raconter son exploit à ses compères.

« Tu as vu ça ? » demandai-je au leprechaun, une fois Barbara éloignée.

« J'espérais éviter les incidents, mais certains d'entre vous, humains, sont si mal ancrés qu'il devient facile pour les gobelins de vous faire basculer. » répondit-il, sur la défensive. « Si elle avait été moins dans sa tête et plus dans ses pieds, cela ne serait pas arrivé. »

« Est-ce là la seule raison pour laquelle un élémentaire ferait du mal à un humain ? » rétorquais-je, continuant à protéger Barbara et nerveuse de ce qui pourrait arriver aux autres.

« Pas tout à fait, » affirma Lloyd, prenant son ton de professeur. « Si les humains se sentent un peu trop supérieurs, les élémentaires adorent leur jouer un petit tour pour les ramener sur terre. De même, si les humains nous ignorent lorsque nous essayons d'avoir leur attention, nous nous chargerons de les réveiller. C'est ce que nous avons fait pour Peggy sur le Reek. Nous lui avons donné un coup sur la tête pour réveiller ses sens. Elle tournait en rond dans sa tête dans un circuit fermé, donc nous lui avons ouvert le cercle. Ce que vous considérez comme une 'nuisance' n'est, dans la plupart des cas, que destiné à vous permettre de vous re-balancer et vous recentrer. De toute façon, Barbara se porte comme un charme n'est-ce pas ? »

Je réfléchis à ses propos en attendant le reste des marcheurs de notre groupe. Les plus rapides d'entre nous étaient déjà partis pour le cimetière, situé aux côtés du village déserté de Slievemore. Une fois que le dernier marcheur nous eût rejoint, nous nous mîmes tranquillement en route, profitant de cette magnifique journée ensoleillée de printemps. Des iris sauvages poussaient le long de petits filets d'eau au bord de la route, et les prairies rayonnaient d'un vert émeraude plein de vie. La nature entière vibrait d'énergie.

Comme Michael avait pris son jour de congé en même temps que Paddy, j'avais demandé de l'information au sujet de Slievemore à Sean, le mari de Mary et un mordu de l'histoire locale. « Keel et l'île d'Achill ont une longue histoire, » avait dit Sean, « les recherches commencent à indiquer que le site de Slievemore a été occupé depuis 3000 ans av. J.-C. Dans les années 1940, l'archéologue Ruaidhri de Valera aurait découvert les vestiges d'un *crannog*, similaire à ceux de la fin de l'âge du bronze et l'âge du fer à Craggaunowen, à quatre milles de Slievemore, proche du Crossroads Inn. »

A l'approche de Slievemore, nous aperçûmes le reste de plusieurs tombes mégalithiques sur le flanc de la colline. Une paire majestueuse de crystal de quartz marquait l'entrée du village abandonné. Passant entre les deux pierres gardiennes, nous entrâmes dans les 'lazy beds' (littéralement « lits pour paresseux ») où, par le passé, les résidents cultivaient des pommes de terre sur des petits monticules afin d'éviter qu'elles ne pourrissent dans le sol marécageux. Ces 'lits' font parties des plus vieux d'Irlande, et les maisons de pierre, appelées 'booley houses', avaient servis de résidence d'été pour les bergers locaux faisant paître leurs animaux sur ces lieux jusqu'au milieu du dix-huitième siècle. Le bétail local consistait de moutons et de races de bétail de petites tailles, adaptés à ces prairies maigres. Depuis l'abandon de ces 'booley houses', un voile triste avait recouvert Slievemore.

« Ces dernières années, » avait rajouté Sean, « les fermiers de Keel ont vendu leur cheptel d'origine pour acheter du bétail plus gros, comme le Charolais, en espérant générer plus de profit par poids de bétail. Malheureusement, ce bétail plus volumineux nécessitait des pâturages plus riches que ceux disponibles à Achill et les bêtes ne parvenaient pas à vêler sans l'apport de nourriture supplémentaire. Réalisant leur erreur, les paysans remplacèrent les bovins par des moutons. Mais cette solution apporta ses propres problèmes, les moutons préférant manger l'herbe verte plutôt que l'herbe sèche qui pousse en abondance à Achill. Par conséquent, cette herbe grossière a maintenant envahi nos collines. Pour rajouter du sel dans la plaie, il ne reste aujourd'hui pas assez de spécimens du cheptel original, si bien que les paysans ne peuvent reconstruire leurs troupeaux. »

Alors que je me remémorais ma conversation avec Sean, le leprechaun rajouta, « Cela prend des milliers d'années jusqu'à ce que plantes et animaux parviennent à s'adapter pour vivre dans le même lieu. Puis vous les humains, avec votre obsession du profit, perturbez l'équilibre et détruisez tout notre travail. Nous vivions autrefois à

Slievemore avec les humains mais maintenant, nous n'y allons plus. »

« Est-ce que les élémentaires ont quelque chose à faire avec la fermeture de la carrière de crystal au-dessus de Slievemore ? » demandai-je, attristée de plus en plus aux mots de mon compagnon.

« Les humains ont dérobé la terre de tous ses cristaux, si bien qu'il ne reste plus grand-chose à prendre maintenant, » répondit-il abattu. « Du temps de mes ancêtres, les hommes de Slievemore savaient combien de cristaux et de tourbe ils pouvaient prendre de la colline sans causer du mal à la terre. Il y avait un bon équilibre, les humains respectaient les êtres élémentaires, nous laissant du lait, du pain et du miel. Les choses commencèrent à se dégrader à la fin de cette période. Puis vint la Grande Famine. »

Le paysage autour de Slievemore est riche en tourbe qui se développe sur les sols marécageux couverts de bruyère. Les locaux de Keel et de la ville avoisinante de Dooagh continuent de la récolter pour chauffer leur maison. Ces feux de tourbe dégagent une odeur sucrée agréable chère à mon leprechaun. Pas de chauffage central pour lui ! Au pied des collines de tourbe de Slievemore se trouve un cimetière, où mon groupe m'attendait.

« Je vous retrouve au Dolmen. Je ne veux pas m'approcher de ces tombes avec tous ces morts malheureux qui y rôdent. » dit mon ami élémentaire qui, avec un énorme frisson, disparu.

Nos marcheurs entrèrent dans la section la plus ancienne du cimetière où, parmi les herbes folles et les fleurs sauvages, une ancienne croix et des pierres tombales s'enfonçaient dans le sol marécageux. Ici, les fantômes des locaux ayant péri durant la Grande Famine rôdent encore, racontant leur mort misérable et douloureuse à tous ceux prêts à les écouter. Dans cette partie délaissée du cimetière nous priâmes pour la paix de ces défunts, afin qu'ils puissent poursuivre leur chemin.

« Tes compagnons font un bon travail, » entendis-je mon

leprechaun absent commenter. « Ils sont en train d'enlever d'anciennes blessures causées à la Terre ainsi qu'à d'autres êtres, ce que nous autres élémentaires apprécions. Nous avons prévu quelque chose de spécial pour vous aider. »

Les énergies sombres entourant le cimetière se dissipèrent à ses mots bienveillants et le soleil se remit à briller à nouveau. Ute, Wolfgang et d'autres marcheurs fatigués, peu habitués à marcher aussi longtemps, retournèrent à l'Unicorn où Mary et Sean avaient préparé du thé et des scones maison. Le reste d'entre nous continuèrent le long de la route de campagne jusqu'à atteindre la piste assez raide sur la gauche qui nous conduirait au dolmen.

Comme promis, le leprechaun et les autres élémentaires attendaient en ligne, le long de la côte. Mon ami élémentaire tenait dans sa main la bouteille d'*Energie en cas d'urgence* et, quand des gens défaillaient, Lloyd et ses amis les aspergèrent avec quelques gouttes de cette potion, à la manière des prêtres distribuant de l'eau bénite. Avec leur aide, nos pèlerins aux jambes encore endolories de la marche de la veille, grimpèrent jusqu'à la tombe mégalithique.

Le vent mugissait avec force au sommet de la colline exposée, si bien que nous nous enveloppâmes dans nos vestes et couvrirent nos têtes pour rester au chaud. Le vent, bien plus puissant que la brise sur la route, signalait l'intervention des êtres élémentaires. Contrairement à nous, les cheveux et les habits des élémentaires restaient inchangés. Avec le froid détachement de médecins s'apprêtant à effectuer une opération du cerveau, le vieil elfe sérieux de Dr. Carl, la femme elfe magnifique de Kirsten, la petite brownie de Peggy, quelques gnomes et le leprechaun se déployèrent en un cercle protecteur autour des humains. Par chance, les jeunes trolls avaient quitté la bande des gobelins et accompagnaient leurs aînés élémentaires. Les élémentaires restèrent silencieux, communiquant entre eux par télépathie pour la marche à suivre.

Avec dignité, et le moment venu, le leprechaun pointa son bâton de marche vers le ciel et invoqua le vent à descendre et à souffler encore plus fort sur nos humains. A son geste, le vortex de vent et d'énergie gagna en intensité, aspirant les sombres débris astraux et éthériques de nos auras dans un tourbillon céleste. Nos auras en ressortirent nettoyées, étincelantes.

Le rituel terminé, le leprechaun hocha la tête pour m'inviter à donner mes explications sur le dolmen. Elevant ma voix pour être entendue dans le vent intrépide, je dis « Les dolmens, pour ceux d'entre vous qui ne le savent pas, sont des tombes mégalithiques qui ont été érigées et utilisées de 4000 à 2000 av. J.-C. Ce dolmen est appelé 'court cairn', en raison de sa forme ouverte en U. L'extrémité la plus large est bordée de dalles ou de piliers de pierres sèches. Les archéologues continuent de débattre au sujet de la signification et de la fonction de ces tombes. On pense qu'ils ont servi de sépulcres funéraires à des personnes importantes et que des services religieux, y compris des sacrifices, y étaient accomplis. »

Témoignant de ma propre expérience, je continuai : « Lorsque je vivais dans le cottage, j'ai passé une nuit, trempée, dans ce dolmen, pour y faire l'expérience d'une initiation unique. De nombreux dolmens sont protégés par des gardiens, qui étaient, de leur vivant, les personnes les plus puissantes de leur tribu. Leur fonction était de protéger leur peuple, dans le présent ainsi que dans le passé. Nombreux de ces gardiens sont toujours présents de manière éthérique dans ces dolmens. Si vous allez à l'intérieur, vous pourrez éventuellement accéder à vos vies antérieures de la période mégalithique, et apprendre des choses au sujet des gens de cette époque. C'est en tout cas ce qui m'est arrivé. »

Giant's Grave Dolmen

« Est-ce qu'on peut entrer maintenant ? » demanda Kirsten, notre magnifique et svelte compagne adorant les nouvelles expériences, tout comme les elfes auxquels elle ressemblait. A son insu, les deux jeunes trolls se battaient déjà à l'entrée du dolmen – ils étaient si larges, qu'ils restaient coincés au travers du seuil. Après tout, les trolls adorent les pierres, qui sont leur élément de prédilection. Pas étonnant donc que les dolmens soient d'un intérêt particulier pour eux. Finalement, le troll qui apparaissait légèrement plus large (ce qui reviendrait à comparer le mont Everest avec K2) se pressa à l'intérieur, immédiatement suivi du plus petit.

« Oui, si tu te sens appelée à le faire, » répondis-je à Kirsten, en espérant que les trolls avaient laissé un peu de place à l'intérieur. « Souviens-toi par contre, que tu en sois consciente ou non, les énergies du dolmen vont t'affecter. Donc assure toi bien que les gardiens te donnent la permission avant d'entrer. »

Kirsten se courba et entra dans le dolmen, alors que Diana et d'autres s'approchèrent et attendirent silencieusement leur tour. D'autres personnes préférèrent rester assises en contemplation. Le dolmen, baptisé Giant's Grave (Tombe du Géant), était peu connu et rarement visité, si bien que nous pûmes faire l'expérience de ces énergies en toute intimité. Graduellement, un par un, les individus se remirent en route en direction de l'Unicorn. Elfes, gnomes et brownies accompagnaient à nouveau 'leurs' humains et je fus soulagée de constater l'absence des gobelins parmi eux. Les jeunes trolls ne ressortirent pas du dolmen. Sondant à l'intérieur à leur recherche, je me rappelai que les dolmens servent souvent de portails vers d'autres lieux et d'autres temps. Les deux jeunes étaient manifestement partis sur leur propre compte.

Une fois seule, je me couchais sur la colline, laissant la terre d'Achill me recharger d'énergie. Je savourais ce court moment de solitude, car lorsque je dirige un tour mystique – bien que j'adore le faire - je suis tout de même avec des personnes du petit déjeuner jusqu'à l'heure du coucher. Ceci dit, je regrettai du peu de temps qu'il m'était donné dans ce tour-ci pour discuter des impressions de mes compagnons durant le voyage. Bien sûr, il y avait bien des bribes par-ci par-là durant les repas, qui me permettaient de savoir que nombre d'entre eux avaient apprécié l'ascension de Croagh Patrick et qu'ils passaient de bons moments. Cependant, trop de mon temps était consacré à arranger des événements non-anticipés et les moments d'interactions sociales me manquaient.

Avec cette pensée en tête, je redescendis la colline et marchai lentement en direction de Keel. Au lieu de prendre la route du bas menant directement au village, je pris le sentier qui tournait après le Crumpaun Cottage pour voir si mes anciens voisins, Maureen et Brendan, étaient dans les environs. Je voulais leur parler de leur mère, ma chère amie Mrs. O'Toole, qui s'était occupée de moi l'été où j'avais vécu à Crumpaun. Chaque soir, après s'être occupée de ses bêtes, Mrs. O'Toole, dans ses bottes et drapée de sa vieille robe retenue avec une épingle de sûreté, passait sur son chemin de retour allumer mon feu de tourbe. N'ayant jamais réussi à percer le secret de cette technique, j'aurais été gelée sur place sans la chaleur de son cœur bienveillant. Mrs. O'Toole était décédée quelques années auparavant, et pour moi, son décès marquait la fin d'une ère et de pratiques irlandaises à l'ancienne. Alors que je marchais le long du chemin, chaque pas ravivait davantage son souvenir.

Passant aux côtés du Crumpaun Cottage, le leprechaun émergea à mes côtés. Levant son chapeau et me saluant de manière chevaleresque, il me poussa à travers l'entrée et me fit rentrer dans la cours. Les propriétaires étaient absents et je craignais que les voisins ne m'aperçoivent en train de trépasser cette propriété privée.

« Toujours soucieuse de ce que les autres vont penser, » me taquina-t-il, s'asseyant sur l'herbe et tapotant le sol pour m'inviter à faire de même. Aussitôt que je m'exécutai, il disparut avec un mystérieux sourire. J'étais sur le point de me relever lorsque sa compagne, la femelle leprechaun qui vivait avec lui dans le cottage, sortit de la porte et marcha à ma rencontre. Elle semblait très différente comparé à la dernière fois que je l'avais vue. Sa longue robe et ses vieux sabots d'autrefois avaient été remplacés par une jupe coupée juste au-dessous des genoux, et portait des chaussures de la mode humaine des années quarante. Réflexion faite, son atour complet datait totalement de cette période.

Voyant que je remarquai sa nouvelle garde-robe, elle sourit et dit, « Bienvenue à la maison. Tu peux constater que je suis 'éééémancipée' maintenant. »

« Que veux-tu dire par 'émancipée' ? » demandai-je, intriguée par le choix de ses mots.

« J'ai mon mot à dire avec Lui-Même maintenant, parce que les femmes humaines ont leur mot à dire, alors pourquoi pas nous ? » continua-t-elle, en croisant ses bras sur la poitrine, et mettant ainsi de l'emphase dans sa détermination.

Amusée, je me rappelai le temps où mon leprechaun l'avait traitée de « sotte » et pas intéressée par les conversations sérieuses que lui et moi échangions. Je me demandai maintenant comment il se débrouillait avec sa partenaire 'émancipée'.

« Tu as changé pas mal de choses dans nos vies, » dit-elle, lisant mes pensées. « Mais je continue à traire les vaches, récolter le miel et faire du pain au lait fermenté comme je l'ai toujours fait, et lui, est toujours après le *poteen* (liqueur irlandaise fait maison) et le Guinness. Donc Lui-Même n'a pas de quoi se plaindre. »

« Quels changements avez-vous pu constater ? » demandai-je, la trouvant plus avenante et communicative que lors de nos dernières rencontres.

« Les femmes de chez nous ne doivent plus peigner la laine des moutons, même si la plupart d'entre nous continuent à coudre pour leur propre plaisir. C'est moi qui ai fabriqué cette robe, et je suis considérée comme assez moderne pour une femme de mon âge, » dit-elle fièrement. « Il y a moins de vaches et moins d'abeille, donc il est plus difficile d'obtenir du lait et du miel, mais en même temps, c'est devenu plus confortable, parce que si on tombe à court, on peut faire un petit saut chez les humains se servir d'un morceau. Mais comme on cherche à maintenir de bonnes relations, il ne s'agit là que du dernier recours, » poursuivi-t-elle avec une petite lueur espiègle dans les yeux.

« Comment vont les garçons ? » demandai-je encore. Ses deux enfants étaient très jeunes lorsque j'avais vécu dans le cottage et j'étais curieuse de savoir ce qu'ils étaient devenus.

« Ils ne sont pas faciles, surtout l'aîné d'entre eux. » répondit-elle

en roulant des yeux. « Il mange des champignons tout le temps, teint ses cheveux de toutes les couleurs et traîne avec une bande de gobelins voyous. Pour sûr qu'il prend de la mauvaise graine. Lui-Même et moi ne savons plus quoi faire avec lui ! »
A cet instant précis le rejeton dont il était question apparu aux côtés de sa mère. Il semblait avoir quatorze de nos années humaines, mais il était probablement âgé du double en termes d'âge élémentaire. Il portait des larges pantalons lui tombant jusqu'aux genoux avec des chaussettes de toutes les couleurs. Ses cheveux, dressés en bataille sur sa tête, viraient du vert au rose, puis au jaune, comme les lumières d'un arbre de Noël. Je supposai qu'il s'agissait de la mode dernier cris chez les ados élémentaires.

« Ma mère se fait trop de soucis, » rouspéta-t-il, lui donnant un petit coup de coude. « Je passe du temps avec mes copains du sentier, mais on ne fait pas de bêtises. C'est juste pour plaisanter. »

« Ce discours ressemble comme deux gouttes d'eau à celui que tiendrait un adolescent humain du même âge, » pensai-je pour moi-même, me demandant en même temps si le jeune gobelin qui avait fait un croque en jambe à Barbara, faisait partie de sa bande.

« Et quelle genre de plaisanterie, s'il-te-plaît ? » Interrompit sa mère, regardant dans ma direction pour lui venir en renfort. « Il chicane les vaches et les moutons. »

« On les peint juste de différentes couleurs pour que les paysans aient du mal à les reconnaître. Ce n'est pourtant pas si grave, non ? » protesta l'adolescent, me regardant également pour prendre son parti.

« Fantastique ! » pensai-je, « Coincée au beau milieu d'une dispute d'une famille de leprechaun. »

Avant que je ne puisse réagir, elle enchaîna sur le point suivant : « Et qu'en est-il de cette histoire dans le local ? »

« Tu m'as dit qu'on n'allait plus reparler de ça ! » s'exclamât-t-il furieux dans sa direction.

« Eh bien, juste pour la dame, » dit la femelle leprechaun en rougissant légèrement, embarrassée. « Elle veut tout savoir à notre sujet, après tout. »
Le jeune leprechaun me lança un regard rancunier alors que sa mère continuait. « Il a picolé sans compter dans les verres du bar. » Sur ses mots elle me projeta l'image de gigantesques verres de Guinness descendues par son fils. Je n'étais pas très sûre en quoi cela différait de sa pratique à elle de vider l'énergie vitale de la nourriture de ses voisins, mais je m'abstins de tout commentaire.

« Comme si j'étais le premier à le faire. Je parie que pap' – Lloyd le Grand – l'a aussi fait en son temps. », répliqua-t-il, mettant de l'emphase sur le titre de son père avec un brin de sarcasme.

« Lui-Même n'était pas un ivrogne. Nous avons une réputation à soigner avec tous les invités qui viennent rendre visite à ton père en ce moment, » répondit-elle, projetant l'image de milliers d'elfes, trolls et de gnomes alignés devant leur porte.

« Que veux-tu faire lorsque tu seras grand ? » demandai-je à l'adolescent pour essayer de changer de sujet et de rétablir la paix entre les deux.

« Soit un musicien, soit un artiste. Je n'ai pas encore décidé, » répondit-il, tenté d'aller dans ma direction, un brin à contrecœur.

« Donc tu ne poursuivras pas le travail de ton père avec les humains ? »

« Pas de la même manière. Il est teeellement ringard ! Cela ne me dérangerait pas de faire un mix entre les musiques humaines et élémentaires. Même si votre truc est plutôt primitif comparé au nôtre, vous n'êtes pas mal dans votre sens du rythme, » répondit-il, m'envoyant une image de lui-même en train de se défouler sur un kit de batterie acoustique. Sur ces derniers mots, il disparût dans une bouffée de nuage, me rappelant le départ de la sorcière dans le film *Le Magicien d'Oz*.

« Qu'est-il devenu de son frère cadet ? » m'enquérais-je, en me tournant vers sa mère et espérant de meilleures nouvelles.

« Il est tout le temps collé devant la télé. »

Je vis une image du leprechaun plus jeune, assis devant ce qu'il semblait être la version élémentaire de notre télévision. Il regardait des images de différentes sortes d'élémentaires, qui bondissaient au dehors et en dedans de l'écran, interagissant avec lui. Il semblait aussi captivé qu'un enfant humain du même âge.

« Les jeunes, » souriais-je avec sympathie.

« Oui, les jeunes, » acquiesça-t-elle, et hochant de la tête dans ma direction, elle disparut.

J'étais heureuse d'avoir revu la famille de mon ami leprechaun, et alors que je pensais combien similaires étaient les problèmes dans nos deux mondes, Lloyd réapparu.

« Il est l'heure pour la Guinness que tu m'as promise. », dit mon compère, déployant tout son charme.

Sur ces mots, il me traîna sur le sentier où les gnomes, leprechauns et quelques gobelins locaux lui donnèrent une tape dans le dos et le félicitèrent du bon travail accompli. De nombreux élémentaires me souriaient avec indulgence, et étonnamment, même les gobelins m'inclurent dans leur célébration, bien qu'avec un peu plus de réserve. Je restais 'l'humaine` après tout.

« Je pense que nous avons tous deux mérité cette pinte, tu ne trouves pas ? » dis-je, riant avec le leprechaun alors que nous descendions le chemin menant au pub.

Ouvrant la lourde porte toute grande, j'entrai dans une vaste pièce morne. Scrutant à l'intérieur, je m'aperçus que le local était désert, avec l'exception de Karen et Sheridan, deux de nos marcheurs. Un homme d'âge mûr à l'air renfrogné nettoyait la grille du foyer avant d'allumer un feu de tourbe pour la soirée.

« Il est bon d'être de retour à Keel, » dis-je, marchant à sa rencontre et tentant d'initier une conversation.

« Oh, » dit-il en me toisant du coin de l'œil.

« Oui, il m'est arrivé de passer un été au Crumpaun Cottage, » continuai-je, gardant l'espoir pour une petite causette.

« Oh, » dit-il, levant les yeux pour m'évaluer dans mon entier. Le maître des lieux ne fit aucun autre commentaire et retourna s'occuper de son feu.

Voyant que la conversation n'avait aucune chance de prendre son essor, je commandai une boisson appréciée par beaucoup de femmes irlandaises. « Pourrais-je avoir une pinte de Guinness au cassis et … »

Regardant autour de moi, je fus ébahie de constater que mon ami avait disparu sans avoir reçu sa Guinness promise. Puis j'en réalisai soudain la raison. J'avais appris par le passé que la plupart des élémentaires aiment être là où il y a de la joie et de l'amusement. Le local était encore trop 'mort' à cette heure avancée pour l'attirer. J'étais assez certaine qu'il viendrait plus tard à son compte ce soir-là quand le pub battrait son plein. Pour ma part, cependant, j'étais contente à l'idée d'avoir un verre tranquillement avec Karen et Sheridan et, empoignant mon verre rempli à ras bord de ma bière noire avec un nuage violet pourpre flottant à sa surface, je me dirigeai dans leur direction.

Je sirotais avec délice la mousse de ma Guinness, la première depuis mon arrivée en Irlande. La Guinness est gorgée de vitamine B. De fait, dans le bon vieux temps, ce breuvage était donné aux mères allaitantes pour les requinquer après la naissance. Je pouvais donc aisément justifier sa consommation comme une boisson thérapeutique. Un étrange fait à propos de cette boisson est sa courte durée de conservation. Acheter de la Guinness en dehors d'Irlande, où elle est produite, est donc un choix risqué. Cette boisson, tout comme la magie du Craic et les êtres élémentaires, voyage mal.

Je retournai tranquillement à l'Unicorn lorsqu'il me vint soudainement à l'esprit combien mon ami leprechaun appréciait Mary et sa mère. Leur famille partageait une relation de longue date, chose que je n'avais découverte que huit ans auparavant, lorsque j'avais emmené un autre groupe à cette auberge. La mère de Mary, que Mary et Sean appelaient tendrement la patronne, était alitée à ce moment-là, et avait demandé à me voir.

Entrant dans sa chambre, je fus ravie de constater qu'elle avait l'esprit plus clair que jamais. Elle était mue d'une dignité tranquille, chaleureuse et efficace, si bien que ses clients revenaient à l'Unicorn, année après année. Elle portait une chemise à fleurs, fraîchement repassée, et semblait en bonne santé malgré son manque de mobilité. Lorsque j'atteignis son chevet, elle prit ma main dans la sienne et la serra bien fort. Comme Mary, sa mère semblait faire partie de la famille, me rappelant ma propre grand-mère bien-aimée. Quelque chose dans le sang irlandais, ou propre au karma, ouvre mon cœur chaque fois que je pense à ces femmes.

« Tu sais, » dit-elle en souriant, tout en continuant de tenir ma main, « lorsque tu racontais que tu vivais avec un leprechaun dans le Crumpaun Cottage, je n'ai jamais rien dit, mais j'aimerais te dire quelque chose maintenant. Ce cottage appartenait autrefois à ma famille, et nous l'appelions toujours le cottage enchanté. Je sais donc de quoi tu parles lorsque tu disais vivre avec le petit peuple là-bas. »

Ce fut tout ce qu'elle dit, et tout ce qu'elle avait l'intention de dire. J'étais frappée par sa bonne humeur, et combien les irlandais – en particulier ceux de l'ouest – savent garder le silence. Ils vont attendre des années avant de vous dire quelque chose. En y repensant, et d'après mes observations, je constate que même les élémentaires d'Irlande gardent leur secret proche de leur cœur.

Ma rêverie fut coupée court. Ouvrant la porte d'entrée de l'Unicorn, je percutai presque une Diana angoissée qui m'informa que le médecin local était venu voir deux de nos protégés. « Molly est tombée sur le chemin de retour près du cottage et s'est peut-être cassé le bras, et le visage de Caitlin est tout enflé, couvert de cloques et de brûlures. »

« Bon sang ! », pensai-je. « D'abord Barbara, et maintenant Molly – et la Guinness que je viens de boire commence à me monter à la tête. »

Me dirigeant vers la chambre de Molly, je la trouvai allongée sur son lit et tenant son bras. Elle était calme – une qualité que je lui associais –, le fruit peut être de plusieurs années de méditation et de yoga. Ses sombres yeux trahissaient cependant son inconfort et sa confusion.

« Que s'est-il passé ? » demandai-je, m'accroupissant à ses côtés pour transmettre de l'énergie à son aile blessée.

« Rien de plus étrange, » répondit-elle, tenant ma main. « J'étais en train de descendre le long du chemin lorsque mes pieds se sont dérobés sous moi. J'ai été projetée en l'air, retournée à cent quatre-vingt degrés, avant d'atterrir avec le nez pointant dans la direction opposée. »

En tant que praticienne de yoga, Molly était souple et en bonne condition physique, donc certainement pas une personne qui serait instable sur ses jambes. La description de sa chute me rappelait plutôt l'œuvre d'un gobelin. Je vis à son regard et à ses mots qu'elle approuvait mon point de vue. Le coupable était probablement le joyeux gobelin qui avait déjà accompagné Molly lors du pèlerinage sur Croagh Patrick et participé à la procession de ce matin.

« Quelle conclusion en tires-tu ? » Demandai-je, sachant qu'elle désirait découvrir les raisons de cet événement par elle-même.

« Je ne suis pas certaine, » répondit Molly. « Mais ça va me venir. Le médecin ne pense pas que mon bras soit cassé, donc ça devrait aller. »

Voilà qui était enfin une bonne nouvelle. J'espérais seulement que Molly parviendrait à clarifier la situation et continuerait de faire confiance aux élémentaires, malgré leurs pratiques de guérison parfois décoiffantes. Les gobelins sont les voyous du royaume élémentaire, sans être pour autant pire que la plupart des garnements mal-aimés qui peuplent nos propres prisons. Les gobelins sont friands de peur, de pensées rigides et de négativité, comme la plupart de nos malfaiteurs. Cependant, si vous leur tenez tête et gagnez leur respect par un traitement équitable, des limites claires, et de l'amour, ils vont souvent vous rendre la pareille.

Laissant Molly, je me changeai rapidement pour le dîner et attendis dans la salle à manger l'arrivée de Caitlin. La pauvre arriva tardivement. Son visage était un beau gâchis rougeoyant, avec des lèvres boursouflées qui avaient doublées de volume. Elle marcha avec hésitation jusqu'à une petite table et se laissa doucement tomber sur la chaise. J'allai à sa rencontre avec des antihistaminiques et un baume contre les brûlures au cas où elle aurait désiré les utiliser.

Caitlin avait de la peine à parler à travers ses lèvres meurtries, « Merci pour les médicaments, » bafouilla-t-elle, « C'est drôle, j'ai l'impression que j'ai été bien plus brûlée par le vent que par le soleil. »

Entendant ses mots, je me rappelai le rituel du leprechaun près du dolmen alors que le vent avait purgé nos auras de ses impuretés.

« Nous avons dû travailler dur sur elle avec nos techniques de guérison, parce que sa tête était fortement endommagée d'un accident qu'elle a eût il y a quelques années. Tu sais maintenant pourquoi nous avions besoin de tous ces attirails de secours. » dit Lloyd, ballotant l'attelle et les bandages devant mes yeux.

Alors qu'il parlait, je me rappelai que Caitlin avait eût un grave accident de voiture, il y a quelques années, qui avait partiellement endommagé son cerveau. Elle en avait gardé des séquelles, aujourd'hui encore.

« Aussi, parce Caitlin est l'une d'entre nous, » continua mon ami,

« Il lui est plus difficile de supporter le vent et le soleil à la manière des humains. »

Il faisait allusion au fait que Caitlin était partiellement élémentaire. Il existe de nombreux humains hybrides qui sont à l'origine des êtres élémentaires, angéliques, des dauphins ou des hybrides d'autres évolutions. Les élémentaires sont entrés dans l'évolution humaine pour développer leur libre arbitre et apprendre à aimer. Caitlin, comme venait de dire le leprechaun, était l'une de ces hybrides.

Aucune de ces informations n'allaient surprendre Caitlin, qui connaissait la vérité au sujet de sa connexion avec les êtres élémentaires et dont la vie dans le nord rural de l'état de New York était dévouée à aider la vie du petit peuple. Elle portait des cheveux courts marqués par des mèches bleues, un peu à la mode des lutins, et avait ces yeux magnétiques d'élémentaires, légèrement obliques et sauvages. Comme la plupart des hybrides élémentaires, elle était douée artistiquement et était peintre, photographe et construisait des maisons de contes de fée. Pas tous les hybrides élémentaires sont conscients comme Caitlin de leur origine élémentaire. Cependant, de nombreux hybrides sentent qu'ils sont différents des autres humains.

« Tu as raison sur ce point, » interrompit mon ami élémentaire, lisant mes pensées. « Ton homme, James le Lep comme vous l'appelez, n'a aucune idée de ses origines élémentaires, si bien qu'il n'a aucun contrôle sur la magie. »

« Tu veux dire qu'il n'avait pas consciemment l'intention de nous plonger dans le Craic avec son manque de planification de ce tour ? » demandai-je.

« De toute évidence, vous les humains, alliez le considérer comme un générateur de chaos. Les choses arrivent autour de lui plutôt que par lui, car il ignore les lois du Craic, contrairement à nous, qui les connaissons parfaitement. » répondit mon ami élémentaire, se gonflant avec fierté.

« Et ces lois sont...? » demandai-je, l'invitant par un geste à poursuivre.

« Pas si vite, ma fille. Le Craic ne se comprend pas en parlant à son sujet, mais seulement en l'expérimentant et en le laissant vous donner son enseignement, et c'est ce dont nous nous chargeons pour vous. Quoi qu'il en soit, on s'occupe de vous autres humains, donc ne t'inquiète pas. Tu auras suffisamment de quoi t'inquiéter demain. »

Alors qu'il disparut, ses mots résonnèrent dans ma tête, laissant un poignant silence.

Ayant été élevée selon la maxime 'mieux vaut prévenir que guérir', je décidai une tentative en vue d'aplanir les problèmes à venir. Optimiste férue, je refusai, comme le poète Dylan Thomas d'aller 'en silence dans la nuit', de me rendre sans avoir essayé encore une fois de remettre ce tour dans la voie que mes pèlerins et moi-même préféraient. Vous savez bien, un tour où nous aurions pu visiter des tas de beaux sites sacrés et passer des vacances divertissantes ponctuées de rituels plein de sens – et le tout sans peine. Donc alors que le dîner touchait à sa fin, je me dirigeai vers la table de Michael, Paddy et Brian.

De mes tours précédents, j'étais habituée à ce que les guides du tour socialisent avec le groupe, mais aucun du trio ne semblaient vouloir le faire. Je reconnaissais de plus en plus qu'ils n'avaient pas de véritable compréhension ou de sympathie pour la nature spirituelle de notre tour et, pour eux, croire aux être élémentaires était définitivement hors de question. Michael, Paddy et Brian avaient probablement pensé qu'ils auraient un voyage facile, avec moi chargée de l'itinéraire et eux sachant tout si bien sur l'Irlande. Il était improbable qu'ils se soient seulement posés la question pourquoi les gens s'étaient inscrits à ce tour.

Je fus attristée du fait que nos pèlerins et eux manquaient l'opportunité de leurs vies respectives. Mais désirer quelque chose qui n'allait pas changer ne faisait pas de sens. Ainsi, je décidai de me concentrer sur le fait de garantir que le groupe reçoive l'itinéraire qui avait été convenu par écrit. Je sortis donc le papier avec le tour pour passer en revue les sites des prochains jours avec eux.

« Je ne sais pas où se trouve Carrowmore, » dit notre conducteur Paddy, regardant l'itinéraire comme s'il le voyait pour la première fois.

« Michael, en savez-vous plus ? » demandai-je à notre guide avec espoir.

« J'ai déjà été là-bas, mais je ne saurais pas dire où ça se trouve exactement, » répondit Michael évasivement.

« Et vous Brian ? » demandai-je, craignant de perdre patience.

« Je vais y aller avant vous demain matin, trouver le site, appeler Paddy sur son portable et lui donner les directions, » fut la réponse de Brian.

« Et qu'en est-il de Carrowkeel ? » demandai-je, pensant au site suivant.

« C'est trop loin. Il ne sera pas possible d'aller là-bas et d'arriver à notre hôtel dans le nord de l'Irlande dans la même soirée, » rétorqua Paddy, pointant du doigt l'emplacement de notre hôtel pour la nuit suivante. Une location, à propos, que James le Lep et Brian avaient changée de mes plans originaux.

« Et qu'en est-il du puit sacré de Tobernalt près de Lough Gill ? » demandai-je, indiquant le troisième site sur notre itinéraire.

« Jamais été là-bas. »

« Jamais été là-bas. »

« Jamais été là-bas. », furent les trois réponses autour de la table.

Paddy mis fin à la conversation avec grâce. « Si ça monte dans cet endroit – il cloua son index sur la carte – « le bus est trop grand pour ces routes, donc on ne pourra pas y aller. »

Tous trois hochèrent sagement de la tête, unis dans leur décision que nous n'allions nous rendre qu'à Carrowmore, un seul site sur les trois promis. Ils ne se levèrent pas de leur chaise, me laissant la tâche pénible d'informer le groupe. Des visages mécontents en résultèrent, et les humeurs s'assombrissaient. Une fois de plus, les gens ne recevaient pas ce qui avait été promis.

Max, le galant participant qui avait aidé Marion à redescendre de la montagne et qui avait déjà participé à mes tours précédents bien organisés, était choqué de ce qui arrivait. Il ne supporte pas les gens paresseux et est prompt à réagir. Son visage s'empourpra et serra de la mâchoire. Dès que je finis de parler, il bondit hors de sa chaise aux côtés de sa femme, Melanie, et se rua dans la pièce à côté pour sortir à Brian ses quatre vérités. J'avoue qu'une part de moi-même aurait bien apprécié si Max, ou le leprechaun, ou même un gobelin de service, aurait pu en administrer une à Brian qui lui aurait fait sortir un brin de bon sens hors de sa tête. Cependant, une autre part de moi – bien qu'en continuelle décroissance – était aussi soulagée que cela ne se produisit pas.

Entre temps, des pèlerins mécontents s'étaient rassemblés en petits groupes avant de se lever lentement pour partir. D'autres essayèrent de digérer stoïquement au mieux ce piètre lot et certains, comme Melanie et Peggy, me lancèrent un regard compatissant en passant près de moi. Couvrant le son des tables en train d'être rangées, des mots courroucés se faisaient entendre de la pièce d'à côté. « Inacceptable…, » « Pas ce qu'on a payé…, » « Il serait temps de vous secouer un peu » et « totalement non-professionnel, » accusa Max.

Sachant qu'il était vain d'argumenter avec Max dans son état présent, les trois gardaient leur tête baissée et évitaient son regard. L'orage de Max se calma tantôt et une discussion s'ensuivit, mais rien ne changea à la fin. Il était bientôt 22h30 et, fatiguée d'une longue journée bien chargée, je décidai d'aller me coucher pour éviter un réveil trop pénible le lendemain. Retournant vers ma chambre, je passais en revue ce que mes compagnons et moi-même avions appris durant ce vendredi 13. Ce qui me frappa le plus fut de constater que malgré les moments de bonheur que nous passions à Achill, nous avions également des leçons pénibles à apprendre. Molly et Caitlin souffraient de douleur physique, alors que Max et les autres pèlerins, moi incluse, endurions une détresse psychique lorsque nos attentes manquaient de se réaliser.

A la manière des meilleures lames qui sont chauffées et martelées par le forgeron, encore et encore, nous nous aiguisions et devenions plus forts, à mesure que notre attachement au confort et nos attentes envers ce qui était prévu, se dissipaient l'un après l'autre. Appelez-moi Pollyanna si vous le voulez, mais je percevais la grâce dans chaque revers du Craic, exercée avec gentillesse et sans compromis par Lloyd et ses compagnons.

Alors que je me déshabillais and me glissai dans mon lit, mes dernières pensées furent de tout de même apprécier quelle chance nous avions d'avoir des lits chauds, le ventre plein et d'être accompagnés de bons amis dans ce pèlerinage. Combien de pèlerins avaient autant de chance que nous ?

Chapitre 6

Carrowmore et contes de fées

Me levant tôt, je traversai silencieusement le hall d'entrée et sorti par la porte de côté menant à la plage. Peggy, Dr. Carl et Kirsten faisaient de même et, dans un commun accord, nous continuâmes par nous-même. Prêtant l'oreille aux vagues mugissantes, je déambulais nostalgiquement sur le sable jusqu'à la falaise à la fin de la baie.

« Tu devrais venir à Keel plus souvent si ce lieu te tient tellement à cœur, » dit le leprechaun, apparaissant à mes côtés.

« Oui, tu as raison, » acquiesçai-je, « Je le ferai dans le futur. »

« Sottise, » gloussa mon ami, m'envoyant l'image de vols d'avion épuisants. « Tu peux voyager juste par la force de la pensée comme le font les élémentaires. Tu as été suffisamment en notre compagnie pour en être consciente à présent. »

« Je sais que je le peux, » répliquai-je. « Même la science a prouvé que nous créons notre réalité par l'intermédiaire de nos pensées. Cependant, il s'agit d'un grand saut pour les humains de passer de la croyance de cette théorie à sa manifestation de manière quotidienne comme vous le faites. Pour ma part, comme la plupart des humains, j'aime faire les choses de manière physique. Tu connais certainement notre expression, 'voir c'est croire.' »

« C'est la raison pour laquelle nous enseignons aux humains comment créer la réalité de leur choix. »

« C'est-à-dire… ? » l'interrompis-je, pour plus de clarification.

« Les humains ont ces idées fixes que tout est sensé se passer selon leurs attentes. Quel ennui ! Qu'êtes-vous en mesure d'apprendre, si vous savez déjà ce qui va se passer ? Rien du tout ! » affirma le leprechaun. « Nous autres élémentaires, vous aidons à rompre toutes vos attentes, afin que vous puissiez apprendre à accepter chaque événement qui survient comme étant parfait. L'épisode hier entre Molly et notre gobelin en constitue un exemple. Vous obtiendrez alors un esprit ouvert, libre de l'attachement à ce que les choses se déroulent à votre façon, et c'est ainsi que vous serez en harmonie avec les lois naturelles et divines. »

Méditant sur ses mots, je restai silencieuse alors qu'il poursuivit.

« Certains humains dans le groupe s'en sortent très bien avec ces leçons. D'autres continuent à leur résister, ce qui les rend malheureux et frustrés. S'ils cessaient de résister, leur pèlerinage serait bien plus aisé à supporter. »

« Y-a-t-il quelque chose que je puisse faire, pour aider ceux, ou moi-même à accepter 'ce qui est' sans résistance ? demandai-je, préférant, comme la plupart de humains, d'apprendre les leçons de manière rapide et sans souffrance.

« Aujourd'hui dans le bus, explique-leur ce qui se passe. C'est tout ce que tu as besoin de faire. Ils voulaient faire notre connaissance, eh bien, ils reçoivent exactement ce qu'ils ont demandé, » s'esclaffa mon espiègle élémentaire avec un gros rire.

« Et tu pourras louer leur grand pouvoir de manifestation, d'avoir été en mesure de manifester un pèlerinage juste à la mesure de leur besoin. », continua-t-il, luttant pour retrouver son souffle et retenant son ventre rebondi, jouissant pleinement de la situation.

Les irlandais sont connus pour leur humour noir et pour le fait de rire lorsque les choses vont mal ; un trait de caractère qu'ils ont certainement hérité des leprechauns. Comme je viens d'une famille irlandaise, j'apprécie l'humour noir, si bien que je ne tardai pas à rejoindre mon ami dans son rire. Ce dernier disparu aussi subitement qu'il était apparu, me laissant revenir à l'Unicorn d'humeur ragaillardie.

Après un autre petit déjeuner fantastique accompagné de 'vrai' porridge – au grand bonheur de Lloyd et du groupe – nous nous retrouvâmes à l'extérieur pour chanter et danser. Katje, l'épouse gracieuse de Dr. Carl, menait la danse. Imaginez la princesse Grace au milieu de la soixantaine, après avoir épousé un docteur allemand excentrique, et élevé par elle-même six enfants, et vous aurez une impression de Katje. Née aux Etats-Unis, elle a passé la plupart de son enfance à l'étranger jusqu'au moment où Dr. Carl, voyant une âme aimante et spirituelle, belle comme un mannequin, en fit la conquête.

Katje mena gracieusement la danse pour honorer les quatre éléments de la Terre. Les esprits de la nature adorant chanter et danser, il s'agissait du meilleur cadeau que nous puissions leur faire pour témoigner de notre appréciation de leur accueil à Achill.

Les elfes de Kirsten et Dr. Carl empruntèrent le pas de leurs partenaires humains, alors que les trolls de Marion trébuchaient avec leurs immenses pieds pour tenter de rester en cadence avec la musique. La brownie de Peggy se révéla être une danseuse douée, rayonnant de joie et guidant Peggy à travers des pas inconnus. Ute et Wolfgang, familiers avec la danse menée par Katje, étaient accompagnés de gnomes et de fées des fleurs qui se faufilaient joyeusement à travers eux. Molly, se remettant encore de sa chute de la veille, était assise sur un banc, en berçant son bras.

Entretemps, le jeune gobelin qui avait fait trébucher Barbara le jour précédent, se tenait nerveusement aux côtés du gobelin de Molly, qui était d'une ressemblance frappante avec lui – tel père, tel fils. Heureusement, les gobelins semblaient à bout de leurs manigances, et se comportaient de manière exemplaire. Seamus, le jeune leprechaun que j'avais rencontré la veille, rejoignit le groupe d'humains et, empruntant leur pas, me sembla les imiter à la perfection.

Après avoir remercié les élémentaires, nous nous dirigeâmes vers notre bus. « Seamus, viens-tu avec nous ? » demandai-je, alors que ce dernier marchait nonchalamment à mes côtés.

« Non. Je m'occupe des choses ici pendant que Lloyd se charge de votre groupe, » dit-il avec un petit rire. Juste à cet instant, Lloyd déambula à nos côtés avec une immense valise vert-émeraude, blasonné sur le côté de la phrase *Pèlerinage d'humains en Irlande*.

« Seamus, en quoi consiste exactement ta relation avec Lloyd ? » demandai-je, curieuse plus que jamais.

« Je suis son apprenti and il m'apprend comment travailler de manière coopérative avec les humains. Il est l'expert numéro un au sujet des humains parmi les leprechauns. Mon père connaissait Lui-Même et c'est ce qui m'a permis d'obtenir ce travail. »

« Je ne peux m'empêcher de constater, Seamus, que tu m'as l'air mieux éduqué que mon ami, qui me rappelle davantage un diamant à l'état brut. »

« Je suis un leprechaun *moderne* du nord, et je peux lire les livres, comme les humains, » répliqua Seamus avec la même sorte de fierté que j'avais déjà remarqué chez son mentor, Lloyd. « Mon père m'a emmené aux lieux occupés par les humains lorsque j'étais jeune, c'est pourquoi je me sens confortable en leur présence. »

« Voilà qui est fascinant. », répondis-je, intriguée d'entendre comment les leprechauns s'adaptaient aux temps modernes.

Lisant mes pensées, Seamus me dirigea rapidement vers la direction qu'il souhaitait me faire prendre. « En réalité, je suis un peu trop humain, si tu vois ce que je veux dire. C'est pourquoi mon père m'a envoyé à Achill pour que j'en apprenne davantage sur ma propre culture. »

Je ne pus poursuivre cette conversation, le bus étant prêt à partir. Mary et Sean étaient venus nous dire au-revoir, je pris un rapide congé de Seamus. Mary me prit dans ses bras, et voyant mes yeux humides, me dit, « Tu es toujours la bienvenue et nous avons eu beaucoup de plaisir à recevoir votre groupe. Ils sont charmants, mais pourquoi ne viendrais-tu pas à ton compte l'année prochaine pour passer des vacances ? »

Ils avaient certainement eu vent de nos problèmes avec le Trio la nuit dernière – comment aurait-on pu ne pas le remarquer – et compatissaient avec tact de mes difficultés sans y faire directement allusion. Oh combien irlandais !

« Je viendrai l'année prochaine, » répondis-je à sa suggestion, « et nous pourrons alors profiter davantage de la visite. »

« Viens en début de saison pour que nous ayons suffisamment de temps à te consacrer, plaida Mary. « Ma mère aimait toujours parler de toi et de ton séjour dans ton vieux cottage. Je suis si contente que tu aies pu la voir l'année précédant son décès. »

Sur ses derniers mots, elle me serra encore une fois dans ses bras et je me hâtai de monter dans le bus, trop bouleversée pour répondre. Quitter Mary et Keel était difficile ; j'y étais soutenue et en sécurité. Maintenant, je sentais que je m'apprêtais à mettre le cap vers un inconnu toujours grandissant.

Je ne remarquai pas grand-chose de notre route vers Carrowmore, plongée encore dans ma peine de quitter Achill. Nous arrivâmes à Carrowmore pour découvrir que Brian avait mis un guide expert à notre disposition pour nous mener à travers le site. Mais, même ainsi, la traversée ne fut pas aisée. Brian ignorait que nous avions déjà payé l'entrée du site à son partenaire, James le Lep, si bien qu'il commença à demander à chacun de payer l'entrée une deuxième fois.

« Non, n'en fais rien, » dis-je, l'arrêtant court. « Je vais payer pour tout le monde à présent, mais je te prie d'arranger la chose avec James, étant donné que je lui ai déjà donné l'argent couvrant les entrées de notre groupe. »

« Une manche de gagnée, deux autres à remporter. » murmura le leprechaun, me laissant m'interroger sur la nature des deux prochaines difficultés.

Maintenant, une petite parenthèse historique s'impose concernant la raison pour laquelle je voulais que notre groupe se rende à Carrowmore, et que la déesse soit louée, il semblait que le leprechaun m'en donnait la permission. Je commençai en effet à penser qu'il ne nous aurait pas été possible de nous trouver ici sans sa coopération. Carrowmore est un des sites européens les plus anciens de l'âge de la pierre. Il remonte à 5000 AEC, ce qui est 2000 ans plus vieux que son fameux cousin irlandais, Newgrange. Carrowmore est un site magnifique entouré de toute part de montagnes, sur lesquelles sont situés quelques quarante-cinq cercles de pierres et tombes à couloir. La plus grande tombe à couloir est celle de la reine Maeve's Cairn, aussi connue sous le nom de Knocknarea.

Maeve, aussi appelée Madbh, était une reine d'Irlande d'avant l'ère celtique. Selon les premiers contes d'Irlande, elle avait eu de nombreux maris – tous promus roi du Connaught à travers leur mariage avec sa personne. Maeve possédait ses propres terres et fortune, ce qui était typique de l'indépendance propre aux femmes d'Irlande matriarcale, à l'époque préhistorique où la vénération de la déesse mère était encore de mise.

« Maeve était l'une de nos ancêtres, » me murmura Lloyd, alors que nous flânions derrière notre guide. « C'est pourquoi elle est appelée la Reine des Fées. »

« Veux-tu dire par là qu'elle était un être élémentaire ? » demandai-je, comprenant en cet instant que Carrowmore et Knocknarea étaient des sites sacrés pour les élémentaires.

« Elle était l'une des Tuatha Dé Danann, » répondit-il. « Ils sont les ancêtres des êtres élémentaires d'aujourd'hui. »

« Les Celtes croyaient que la race des Tuatha Dé Danann se sont retirés sous les collines aux fées, mais ceci est juste une métaphore pour indiquer leur refoulement par les Celtes, la race conquérante, n'est-ce pas ? » demandai-je, pour vérifier si j'avais bien vu juste.

« C'est bien ça, » approuva Lloyd.

Juste à cet instant, le guide de Carrowmore nous fit part que « récemment, il a été découvert que quatre-vingt-dix-huit pourcents de la population irlandaise, natifs de la côte ouest, sont originaires des colonies ayant traversé le pont terrestre de la Sibérie, il y a plus de 50,000 ans. »

Le guide continua en affirmant que cette découverte a supplanté la croyance précédente, à savoir que les irlandais de l'ouest étaient des descendants des celtes, lesquels seraient venus d'Europe, par vagues successives. Il semblerait que ces vagues n'aient jamais atteints l'ouest de l'Irlande, au niveau génétique, même si le langage et de nombreux rites celtes furent adoptés par la population locale.

« C'est intéressant, » commentai-je à Lloyd. « J'ai déjà entendu dire que l'ancienne population d'Irlande et de Bretagne de l'ouest possédait un marqueur génétique différent de celui des celtes. Selon cette source, il s'agirait d'indo-européens, aux yeux et aux cheveux sombres et de taille moyenne, et qui auraient migrés vers l'ouest, non de la Sibérie, mais plutôt de la péninsule ibérienne durant la période mésolithique et néolithique. Je tends à approuver cette source, vu que je pense que ces peuples anciens dans l'ouest d'Irlande et de Bretagne pourraient bien avoir vu le jour à Atlantis. »

« Est-il possible, » continuai-je, « que les dons psychiques de la 'deuxième vue' et la croyance répandue dans le petit peuple en Irlande de l'ouest soient dus au lien génétique avec cette ancienne race, plutôt qu'à travers les celtes ? »

« Deux manches de gagnées, une à remporter, » dit mon ami à mon oreille, alors que notre guide nous dirigeait à nouveau vers notre bus.

La route vers l'Irlande du nord allait être longue, si bien qu'afin de disposer de ce temps de notre mieux, je demandai à notre guide Michael s'il serait d'accord de nous parler un peu au sujet du petit peuple. Tout à son mérite, Michael s'avéra être un puit de savoir, dans la mesure où son savoir se basait sur l'étude de nombreux livres. Je fus reconnaissante du fait qu'il avait du plaisir à partager ses histoires avec nous, au bonheur de nos voyageurs curieux. Le leprechaun – de toute évidence un expert en matière d'élémentaire – était assis dans le siège vis-à-vis du mien, avide de décerner son jugement sur les propos de Michael. Allumant le micro, Michael commença.

« Il y a trois histoires qui relatent de l'origine des fées, » dit-il dans un ton scolaire rappelant celui du leprechaun. « Selon le livre du neuvième siècle *Book of Armagh*, ils sont les anciens dieux de la Terre qui ont été largement vénérés dans l'Irlande païenne. Une deuxième source prétend qu'ils s'agiraient d'anges déchus chassés du Paradis, pour être resté assis sur la palissade lors de la rébellion de Lucifer. Une troisième théorie prétend qu'ils sont les survivants des Tuatha Dé Danann, qui importèrent une haute culture de la Grèce ancienne. Ils auraient été conquis par les races ultérieures se retirant ainsi dans le monde sous-terrain. »

Mon collègue leprechaun sortit une grande fiche de score sur laquelle, à la tête de deux colonnes, était indiqués les mots *Humain* et *Lui-Même*. Tandis que Michael parlait, ses mots apparaissaient sous la colonne *Humain* avec des coches vertes, et des X rouges apparaissaient aux côtés des mots qui indiquaient le jugement du leprechaun quant au savoir de Michael. L'histoire des anges déchus fut barrée d'une grande croix rouge, alors que la théorie avec les Tuatha Dé Danann reçu une combinaison de marques rouges et vertes.

« Les Tuatha Dé Danann, nos ancêtres, » me chuchota Lloyd, « ne peuvent vivre que dans les endroits brumeux, et il ne reste que très peu de ces lieux sur la planète. Je voudrais parler des Tuatha Dé Danann ultérieurement. »

Jetant un coup d'œil à la fiche de score, je pus entrevoir que les mots du Leprechaun apparaissaient en vert sous le nom *Lui-Même*, indiquant que toutes ses assertions étaient correctes.

Michael continua, « Les célébrations les plus importantes pour les fées ont lieu à *Beltane*, qui correspond au premier jour de mai ; à la mi-été ou le 21 juin ; à *Lughnasa*, correspondant au festival de la récolte le 1er août ; et à *Samhain*, que les américains appellent Halloween. »

Je vis une coche verte apparaître sur la fiche de score de Lloyd après les mots de Michael. Mon ami me donna un petit coup de coude et dit calmement, « Lors des jours mentionnés par Michael, les accès entre les mondes sont ouverts. Les humains peuvent venir dans notre dimension élémentaire à travers ces passages, ou nous pouvons nous rendre dans le monde des humains. Il est plus facile d'effectuer ces choses dans les cercles de pierres ou leur semblable. » Davantage de coches vertes apparurent sur la colonne sous *Lui-Même*.

« Un vent des fées peut soulever des enfants ou des objets métalliques et vous frapper comme un fouet, » poursuivit Michael, me rappelant le vent violent que nous avions expérimentés la veille au dolmen. Je n'eus pas besoin de regarder la fiche de score pour vérifier la véracité de ses propos.

Michael expliqua encore, « Prenez garde si vous empruntez des sentiers de fées, car, si vous les rencontrez, elles peuvent se montrer soit bienveillantes ou vous causer du tort. » La notion de 'tort' avait certainement trouvé son illustration la veille, avec ce qui était arrivé à Caitlin et Molly. Par contre, je remarquais au ton de Michael que ce dernier dévaluait fortement l'éventualité d'un acte bienveillant. Jetant un coup d'œil vers le leprechaun, je vis son visage tourner au rouge vif à ce qu'il considéra comme une insulte de la part de Michael.

Alors que le leprechaun luttait pour retrouver sa contenance, Michael se mit à mentionner les différents types de fées. « Il y a les *banshees* qui sont les fées féminines associées avec les maisons royales, en particulier la Maison des Munster, qui prédisent la mort des rois et leur performance dans les batailles. »

Dans un immense élan de générosité, mon ami donna à Michael une coche verte.

« Puis il y a le *pooka*, qui apparaît comme un vieil homme infirme dans la contrée des Mourne Mountains d'où je viens. Lorsque les paysans récoltent les grains, ils laissent toujours sur les champs quelque chose qu'ils appellent la 'part du *pooka*' ».

« Et ils font bien ! », coupa Lloyd. « Si les humains veulent être sous une bonne auspice, ils feraient bien de laisser de la nourriture pour les élémentaires, comme du porridge, du miel, mais il y a aussi du lait ou de la Guinness et... »

Il fut interrompu par les prochains mots de Michael, « Dans d'autres régions d'Irlande, un pooka peut être aperçu sous la forme d'un aigle, d'une chèvre ou d'un cheval. »

« Je dirais que les pookas sont un peu comme un cheval, mais pas exactement, » jura le leprechaun avec autorité, ajoutant une coche verte à la fois du côté de Michael et de lui-même.

« Michael, pourriez-vous nous dire quelque chose au sujet des leprechauns ? » demandai-je, espérant taquiner un peu mon ami leprechaun.

« Avec plaisir, » répondit-il cordialement. « Les leprechauns font parties des fées solitaires, étant donné qu'ils aiment rester entre eux. Le nom 'leprechaun' pourrait être dérivé de l'irlandais *leith bhrogan* signifiant cordonnier, ou *luacharmán* voulant dire pigmée, en raison de leur petite taille. »

Je vous laisse deviner quelle définition fut préférée par le leprechaun.

Michael reprit son commentaire. « Les leprechauns sont les banquiers des fées et on prétend qu'ils savent où se cachent tous les trésors d'Irlande, y compris ceux des Vikings et des Chrétiens des temps anciens. On dit que même les *siddhe* (une classe royale parmi les élémentaires) viennent voir les leprechauns pour emprunter de l'argent pour des présents. »

« Absolument. Absolument. » pouffa fièrement le leprechaun, tout en ajoutant des coches vertes supplémentaires du côté de Michael.

« Les leprechauns femelles ne semblent pas exister, » dit Michael, poursuivant dans le domaine incertain de la sexualité. « Ne comptant pas de femelles, les leprechauns mâles résulteraient de la progéniture entre fées et humains. »

« As-tu déjà entendu des sornettes pareilles ? » admonesta mon ami, biffant les mots de Michael avec un gigantesque X rouge. « Simplement parce que nous ne parlons pas de nos affaires privées comme d'autres » - souffla-t-il avec indignation, hochant la tête en direction de Michael – « ceux-ci pensent qu'il y a quelque chose de louche à notre sujet. »

Mon attention fut attirée de nouveau par Michael, qui continuait sur des sujets de plus en plus hasardeux. « Comme les fées peinent à avoir des enfants, ils dérobent fréquemment les enfants humains pour les remplacer par des changelins, hideux et malformés. Quand j'étais un enfant, mon père laissait son manteau au pied de mon lit pour empêcher les fées de venir m'enlever. C'est ainsi que nous procédons dans les Mournes Mountains, mais des tenailles de fer ouvertes, ou un crucifix, peuvent aussi être utilisés comme protection. »

Alors que Michael relatait de ses expériences personnelles, je commençai à comprendre son antipathie à l'égard des fées, et la raison pour laquelle il gardait une bonne distance avec le désir de notre groupe de rencontrer le petit peuple. Au plus profond de son être, il pensait éventuellement être un changelin, ce qui, étant donné sa constitution physique, était tout à fait possible. Je ne pus poursuivre cette pensée, interrompue par Lloyd.

« Que la Déesse soit louée, le géant a terminé, », dit-il, tentant de neutraliser par ce biais la dernière effronterie de Michael.

Essayant de rétablir la paix entre eux, je m'inclinai en avant et demandai à Michael, « Dans quelle mesure croyez-vous vous même dans ces histoires ? »

« Eh bien, » répondit-il. « Il existe en Irlande deux sortes de vérité – la vérité relative et la vérité absolue. Les histoires irlandaises se spécialisent dans la vérité relative, la vérité absolue étant souvent trop dure à supporter. »

Des gloussements de rire résonnèrent dans le bus, alors que Michael nous exposait sa définition concernant les deux sortes de vérités.

« Le géant a au moins raison sur ce point-là, » concéda le leprechaun, souriant d'une oreille à l'autre.

« Ah ! J'ai compris. La vérité relative est la vérité nébuleuse du Craic dans laquelle les élémentaires aiment prendre part. La vérité absolue, de l'autre côté, est la dure réalité blanc et noir que les humains préfèrent, » dis-je à mon ami élémentaire qui rit de concert avec ma déduction.

Alors que l'humour dans l'air battait son plein, je décidai de parler au sujet des élémentaires. Empruntant le microphone de Michael, je me levai.

« Chers amis, » commençai-je, « de nombreuses 'difficultés' que nous rencontrons font partie de la leçon des élémentaires pour nous apprendre le non-attachement. » Je regardai d'un air significatif en direction de vous-savez-qui, étant donné qu'il semblait avoir ses propres difficultés de non-attachement concernant nombre de propos qui avaient été dits par Michael.

« Nous avons besoin de vivre complètement dans le moment présent, sans aucune attente, afin de nous ouvrir au Craic créé par les élémentaires à notre intention. Les élémentaires vont appuyer sur tous nos boutons jusqu'à ce que nous ne soyons plus attachés à avoir les choses faites à notre façon. » élaborai-je, tout en envoyant mentalement à Lloyd des images de Michael et d'autres humains appuyant ses propres boutons. Le non-attachement, en fin de compte, doit être appris par tous les êtres.

« Les élémentaires, » expliquai-je, « aide tous les êtres à évoluer vers ce qu'ils sont vraiment. Par exemple, les élémentaires sont capables de voir l'individualité d'un chêne, même s'il ne s'agit encore que d'un gland, et vont œuvrer en accord avec ce plan pour assister le chêne dans sa croissance. De la même manière, les élémentaires perçoivent votre grandeur potentielle et savent comment vous aider à devenir celui que vous êtes réellement. Les élémentaires cherchent le moyen le plus rapide et le plus efficace pour atteindre leur objectif, même si cela peut être douloureux pour vous. »

Molly, Caitlin et d'autres semblaient profondément plongées dans leurs pensées alors que je parlais.

« Ce tour, » conclus-je, « appuie sur tous les boutons en nous. Ces élémentaires sont de notre côté, car dans le cas contraire, ils n'auraient pas concédé à nous accompagner dans notre tour. Ils veulent co-créer avec les humains pour aider à guérir la Terre. Pour permettre cela, les élémentaires et les humains ont besoin de se faire confiance, même si nous ne comprenons pas toujours les méthodes de l'autre. »

« Voilà qui est un bon résumé de la situation, » dit Lloyd, alors que je me rasseyais. Il approuvait donc mon message pour les humains autant que pour les élémentaires.

« Penses-tu que mes propos vont aider nos gens à apprendre la leçon ? »

« Ça va en aider certains ; nous aiderons les autres, » répliqua mon ami élémentaire de sa manière évasive. « A propos, tu as remporté trois manches sur trois pour aujourd'hui. Tu as eu la dernière manche pour m'avoir donné ma propre leçon. » dit-il en souriant avant de disparaître.

Nous avions passé la frontière de l'Irlande du nord et nous étions sur le point d'arriver à Belleek, où nous allions rester pour les deux prochaines nuits.

Chapitre 7

Devas et esprit sacré de la Pentecôte

Je me réveillai le lendemain toute excitée, car il s'agissait du jour de la Pentecôte, mon jour favori de l'année. Pour ceux dont la mémoire a besoin d'un petit rafraîchissement, la Pentecôte commémore l'événement biblique durant lequel le feu du Saint-Esprit descendit sur la tête des disciples de Jésus. Le Saint-Esprit attribua à chacun un don spirituel leur permettant d'enseigner au mieux l'Evangile. Je me suis toujours sentie proche du Saint-Esprit et j'ai déjà vu nombre de choses surprenantes se passer lors de la Pentecôte. J'avais l'espoir, sur la base de mes expériences passées, que ce jour serait le point culminant de notre tour. J'avais des attentes, chose dangereuse lorsqu'on a à ses côtés un leprechaun perçant avec zèle de son aiguille les bulles d'espoir. Qu'à cela ne tienne, j'aimerais partager ici une de ces expériences que j'ai vécues durant la Pentecôte, afin que vous puissiez comprendre mon optimisme quant à ce jour.

Il y a quelques années, lors d'un tour précédent en Irlande, notre groupe séjournait au Bellinter House, un couvent magnifique tenu par les sœurs de Sion, dans la région sacrée de Boyne Valley, à quelques minutes du Hill of Tara. Nous y passions plusieurs jours, car je venais d'y effectuer un atelier d'un weekend, dédié à la paix et à la réconciliation. La veille de la Pentecôte, Beth, la Mère supérieure, m'invita à mener le service de la Pentecôte pour les nonnes, les locaux et notre groupe.

« Cela serait très non-traditionnel, » dis-je, amusée par son invitation. « Etes-vous sûre de vouloir cela ? »

« Oh, certaines de nos sœurs ont besoin d'être un peu remuée, » répondit Beth. « Je pense que c'est juste ce qu'il leur faut. »

« Nous pourrions placer sur l'autel des objets rappelant les quatre éléments : des fleurs pour la terre, un bol d'eau, des bougies pour le feu et une plume pour l'air. Puis nous pourrions nous réunir autour de l'autel en formant une spirale, et non en rangée comme vous avez l'habitude de faire. Chaque personne pourrait tirer une carte des anges pour découvrir son attribut de la Pentecôte. Chaque carte contient des mots bienveillants comme *amour* ou *grâce*, donc ce sera une expérience positive. Vous êtes sûre que tout ceci serait adéquat ? » demandai-je, encore perplexe.

« C'est parfait, » répondit-elle, approuvant avec un sourire.

Le jour suivant, j'arrangeai la chapelle comme convenu avec Beth et, l'une après l'autre, les nonnes entrèrent. Une des nonnes plus âgées, dénommée Mary, ne m'aimait pas. Mary savait que j'étais le leader de gens qu'elle considérait comme 'radicaux'. Après tout, certains d'entre nous n'étaient même pas chrétiens, et encore moins catholique ! Pour signifier son mécontentement, Mary, qui servait la nourriture dans la salle à manger, me lançait toujours un regard noir et me servait des portions plus petites que les autres.

Comme voulut par la Providence, Mary, portant l'habit noir traditionnel de son ordre, fut une des premières nonnes à entrer dans la chapelle. Elle jeta un regard sur les chaises arrangées en spirale menant à l'autel central et soupira son ennui. Je lui donnai une bougie à porter, ce qu'elle accepta comme compatible avec la chrétienté, je suppose, mais refusa les cartes, les reléguant probablement dans la catégorie païenne. Mary choisit une chaise aussi proche que possible de la sortie, pour quitter prestement les lieux au besoin, si je venais à faire quelque chose d'inacceptable à ses yeux. Le reste des nonnes, les locaux, et les membres de notre tour ne tardèrent pas à entrer et à prendre place à leur tour.

« Est-ce que quelqu'un pourrait fermer les portes de la chapelle ? » demandai-je, pointant du doigt les lourdes portes en chêne.

Après que l'un des gentlemen de la salle s'en fut chargé, je commençai à prier à haute voix. « Je prie le Saint-Esprit d'être avec nous. »

A ces mots, les portes de chêne s'ouvrirent en pleine volée. Dans le silence qui suivit, vous auriez pu entendre le son d'une épingle tombant sur le sol. Les gens étaient stupéfaits car les portes ne s'étaient pas ouvertes vers l'extérieur mais en direction d'une salle intérieure du couvent, où il n'y avait pas de vent.

Sans être demandé, le même gentleman se leva et alla refermer les portes, s'assurant qu'elles étaient bien verrouillées.

Je commençai à nouveau. « Puisse l'Esprit sain nous bénir en ce jour. », priai-je avec ferveur à haute voix.

Les lourdes portes s'ouvrirent à nouveau à pleine volée et nous sentîmes une brise souffler parmi nous. Les gens retenaient leur souffle dans une stupeur mêlée d'admiration, et Mary commença à s'exclamer dans son extase : « Le Saint-Esprit, le Saint-Esprit est parmi nous ! »

Attendant que le silence revienne dans la salle, le même homme retourna vers les portes et les referma pour la troisième fois. Je recommençai une fois de plus, et nous pûmes sentir la bénédiction du Saint-Esprit sur notre assemblée durant toute la durée du service. Quand la cérémonie fut terminée, Mary, rayonnante de joie, vint à ma rencontre et prit mes mains dans les siennes.

« En plus de quatre-vingt ans, » dit-elle, « c'est la seule fois où j'ai eu une telle expérience avec l'Esprit saint. Merci infiniment. »

Pour ma part, j'étais aussi touchée que tous les autres et je fus très heureuse que Mary, après tant d'années de sa vie dévouée à Dieu, ait pu faire l'expérience de l'Esprit sain. Après quelques minutes, Mary s'excusa pour aller préparer le souper. Plus tard, alors que nous faisions la queue et que ce fut mon tour d'être servie, Mary me donna un grand sourire et chargea mon assiette d'une portion gigantesque de nourriture.

« C'était la manière de Mary de me montrer sa gratitude, » pensai-je, amusée à ce souvenir.

Réfléchissant à cela et sur d'autres puissants événements positifs survenus le jour de la Pentecôte, je me demandai quel genre de faits merveilleux allaient marquer ce jour. Après tout, ma carte des anges pour ce pèlerinage était *'grâce'*, qui est un des autres noms du Saint-Esprit. Je refusais d'abandonner mes attentes de bonheur, ce qui était comme agiter un drapeau rouge devant un taureau, avec un leprechaun bien décidé à m'enseigner le non-attachement.

La première chose qui arriva fut que notre visite prévue de White Island, pour voir la statue païenne de *Sheila-na-gig*, dû être annulée. Le site était fermé ce jour-là, quelque chose que James le Lep et Brian – pourquoi cela devrait-il me surprendre ? – venaient juste de découvrir. Je fus soulagée toutefois que nous serions en mesure de visiter les deux autres sites prévus au programme. Durant tout autre tour, j'aurais été horrifiée de manquer ne serait-ce qu'un seul site ! Dans celui-ci, j'étais reconnaissante que nous pouvions visiter au moins deux sites sur les trois prévus. N'est-ce pas intéressant de constater combien nos standards peuvent facilement être modifiés selon les circonstances ? Cela me rappela les différentes étapes dans le processus de mort. Je me trouvais encore dans la phase du marchandage, un pas après la colère et un pas avant la dépression totale et, si je puis dire, deux pas avant l'acceptation.

Notre premier arrêt consistait en une traversée en bateau vers Devenish Island sur le Lower Lough Erne pour voir des ruines monastiques datant du 6ème siècle. Notre bus arriva avec une bonne avance pour découvrir qu'il nous fallait attendre l'arrivée d'un autre groupe. Il n'y eut pas de protestation quant à l'attente, étant donné que nombre d'entre nous furent soulagés de pouvoir utiliser les toilettes publiques, étant donné que les toilettes de notre bus continuaient de rester une zone interdite. Oh, plaisir simple de la vie ! Lorsque l'autre groupe nous rejoignit, nous embarquâmes ensemble sur le bateau à cinquante-six places appelé *The Kestrel*.

« Tout se passe bien, » pensai-je, alors que le capitaine, en uniforme avec chapeau et veston, alluma son micro pour commencer son commentaire.

« Bienvenue… *buzz*… *hisssss*… Mesdames et Mes… *buzz*… Je … *buzz*, capitaine… *hiss*… »

Tout le monde attendit patiemment que le son s'améliore, et lorsque ce n'était pas le cas, on huait le capitaine pour qu'il répare la chose. Avec un brin d'humour irlandais typique, je fus ravie de constater que ces désagréments n'étaient pas limités à notre groupe, mais affectaient l'autre groupe également. Je me surpris à me demander si l'autre groupe comptait également des leprechauns dans leur tour, ou si nos élémentaires les avaient pris momentanément sous leurs ailes.

« Tu peux essayer de deviner deux fois, et la première fois ne compte pas », gloussa le leprechaun, debout à côté du capitaine et faisant le singe avec les boutons du microphone.

Des minutes plus tard, après de multiples hausses et chutes de volume, et force de crissements et bourdonnements électriques, le capitaine tenta de reprendre son explication. « Bienvenue… *buzz*… *hiss*… comme je vous disais… *buzz*… notre excursion aujourd'hui…

Devenish… moines… tour ronde… *hiss*… »

Le capitaine poursuivit son discours encore et encore, sans qu'aucun des passagers ne puissent avoir la moindre idée de ce qu'il racontait. Nous n'eûmes cependant pas besoin de nous soucier longtemps de ses propos, car quelques minutes plus tard, nous approchions d'une écluse chargée de réguler le flux du trafic et, nous nous trouvâmes face à un énorme yacht de croisière touristique bloquant notre passage. Les touristes de l'autre bateau semblaient avoir une peine folle à comprendre le fonctionnement de l'écluse, jusqu'à ce qu'un de nos matelots leur vint en aide. Le temps filait dangereusement pour notre paisible visite de Devenish. Heureusement, nous profitions d'une autre belle journée ensoleillée et l'eau était calme, si bien que nous n'eûmes pas besoin de nous soucier d'avoir le mal de mer.

Reprenant enfin notre route, nous atteignîmes bientôt Devenish et nous nous préparions à débarquer lorsque le capitaine, réalisant que nous n'avions rien retenus de son discours avec le micro, nous fit face d'un air rageur.

Elevant sa voix, il rugit, « Vous ne pourrez rester sur l'île que trente minutes, afin que je puisse être de retour à temps pour le prochain groupe. » Alors qu'une deuxième vague de déception s'abattait sur nous, le capitaine ajouta, « Toute personne n'étant pas de retour dans trente minutes sera laissées sur place. »

Certains membres de notre groupe, au bord de la rébellion contre cette nouvelle injustice, roulèrent des yeux de mécontentement à ces mots. Le capitaine mit pied à terre, suivi par une foule paniquée courant vers le sommet de la colline, essayant de couvrir autant de sites que possible dans le temps alloué. Le cadre monastique était magnifique, bien que n'avions pas le temps d'en profiter. La tour ronde de Devenish haute de quatre-vingt-un pieds (vingt-cinq mètres) est une des plus raffinée d'Irlande. Elle fut construite dans le neuvième siècle pour garder les trésors et repousser les attaques des Vikings.

Diana, Kirsten, and les plus en forme d'entre nous grimpèrent jusqu'au sommet de la tour et leur effort fut gratifié par une vue panoramique. Hannah, Sara et d'autres qui ne disposaient pas de condition physique comparable visitèrent les ruines du Prieuré de St. Mary.

Tour ronde de Devenish

En raison de notre temps limité, je décidai de sauter le rituel de la Pentecôte que j'avais planifié. A la place, tentant de sauver au mieux les meubles compte tenu des circonstances, je proposai de mener la méditation en mouvement des Cherokee pour ceux qui le souhaitaient. Nous nous rassemblâmes à proximité d'une croix anormalement haute et j'eus à peine le temps de donner les instructions que le sifflet du bateau se fit déjà entendre.

Nous dépêchant de revenir vers le bateau, je fus saluée par le co-leader élémentaire de notre groupe debout sur la passerelle, portant un chapeau de capitaine trop grand et pressant les gens de remonter à bord. De toute évidence, il n'était pas intéressé à ce que nous nous attardions sur ce site monastique et je me demandai s'il manigançait son prochain coup. Je n'eus pas la chance de lui poser la question, ce dernier disparaissant immédiatement après notre embarquement. Mais nous allions certainement avoir la réponse bientôt ; il n'y avait aucun intérêt à précipiter l'inévitable.

Etonnamment, la croisière du retour se déroula sans histoire, et je pris plaisir à observer les oiseaux aquatiques sur les eaux tranquilles du lac. Trop rapidement, me semble-t-il, nous arrivâmes sur le quai où les prochains clients attendaient déjà notre bateau. Remontant dans notre bus, Paddy nous conduisit à un joli parc dans la petite ville de Belcoo où Michael nous recommanda de prendre notre pique-nique.

Le parc était paisible, avec de gigantesques hêtres roux, érables et châtaigniers vieux de cinq à sept cent ans. Nos amis élémentaires, qui avaient été absents ce matin – les sites chrétiens et les fêtes religieuses ne constituaient pas une attraction majeure pour les païens – se promenaient entre les arbres et prenaient aussi leur pique-nique. Mon collègue leprechaun était aussi au pied d'un immense chêne, les pieds en l'air. Il était en train de boire d'une immense cruche, que je ne pouvais qu'espérer être remplie de thé, et non de *poteen*.

Les leprechauns sont connus pour leur fabrication de *poteen* (à prononcer 'potcheen') et mon ami raffolait de cette boisson autant que l'hydromel et la Guinness. Le poteen est une boisson très fortement alcoolisée, que les irlandais distillent à la campagne illégalement à partir d'orge ou de pommes de terre. Il en existe des milliers d'usage, et dans les temps anciens, les paysans s'en frottaient les mains pour atténuer la douleur de l'arthrite, l'utilisaient pour allumer leurs feux de tourbe et en donnait à boire aux moutons pour les protéger du froid. Vous devez prendre garde de ne boire que de la poteen transparente avec une lueur bleuâtre, sous peine que cela ne vous tue, ou ne vous rende aveugle. J'ai bu de la poteen à une occasion et cela ressemblait assez à de la vodka, tout en vous donnant un coup à vous couper le souffle.

« Mais évidemment que c'est du thé, » répondit Lloyd, lisant mes pensées et descendant le reste de la cruche. « Nous avons un travail de guérison à faire pour la Terre, et il s'agit d'un jour spécial pour vous les 'humains', donc je ne serais pas en train de boire de la poteen, n'est-ce pas ? »

« J'ai pensé qu'il pourrait s'agir d'une forme de communion pour vous les élémentaires, comme le vin que boivent les chrétiens, » plaisantai-je avec lui.

« N'étant pas chrétien, nous ne célébrons pas la Pentecôte, étant donné que nous avons une bonne relation avec l'esprit tous les jours de l'année, » rétorqua-t-il, en mettant l'emphase sur le mot 'chrétien' avec son nez pointé en l'air. « Crois-tu peut être que les humains ont un droit exclusif avec l'esprit ? » continua-t-il, m'interrogeant.

« Bien sûre que non, » répondis-je.

« Bonne réponse, tant mieux pour toi, » approuva-t-il et, continuant sur son ton scolaire, dit, « l'esprit est la vie en vous, en moi, dans les arbres et les rochers, et même dans les choses que vous humains ne pouvez voir. Contrairement à vous, les élémentaires n'ont pas besoin de trouver l'esprit, car nous sommes l'esprit. Il est nous, et nous somme lui. Les humains cherchent toujours l'esprit à l'extérieur d'eux-mêmes, alors qu'il est toujours présent en eux et en toutes choses. »

Balayant de sa main le parc d'un bout à l'autre, mon ami me demanda, « Que vois-tu ? »

En réponse à sa question, j'observai ce que les élémentaires étaient en train de faire. La brownie de Peggy, assise au milieu d'une bande de ses confrères et de gnomes, grignotait de minuscules miettes d'une tranche de pain au lait fermenté enduite de confiture. Les brownies sont très méticuleux, et, sa longue jupe pliée soigneusement sous ses jambes, elle cueillait soigneusement les moindres miettes tombant sur ses habits. Sentant mon regard sur elle, la petite puce leva les yeux et me fit un grand sourire, heureuse d'être remarquée.

En contraste avec les brownies bien élevées, le gobelin de Molly avait rassemblé les jeunes ennuyés – essentiellement des gobelins et des leprechauns – pour une partie de catch. Il était en train de mener le jeu entre Ute et Wolfgang et les pèlerins allemands plus âgés, qui étaient assis tranquillement à une table, tentant de manger leur pique-nique en paix. Remarquant mon ferme regard, le gobelin me fit une révérence moqueuse, tel un bouffon du roi, et s'éloigna avec nonchalance en sifflotant, pour me prouver que lui-aussi, savait se comporter.

Entre-temps, les deux trolls adolescents, adossés contre un arbre, dévoraient à large bouchée de ce qui semblait être des cuisses de mouton. Bien que les leprechauns et de nombreux élémentaires soient végétariens, les trolls sont de sérieux carnivores. Ils sont habituellement des solitaires, et le fait qu'ils aient rejoint un groupe d'humains et d'autres élémentaires cherchant à travailler ensemble, montrait le succès de mon compagnon dans son entreprise.

« Je ne faisais pas allusion à mes gens, » dit mon ami, amusé à ma perception de ses compères élémentaires. « Je voudrais que tu me dises ce que tu vois lorsque tu regardes ces arbres ? »

« Si je regarde avec ma vision intérieure, je vois les branches et les feuilles des arbres en train d'absorber l'énergie lumineuse. La lumière est envoyée au plus profond de la terre, à travers le tronc et les racines, puis, l'énergie remonte par le même chemin, nourrissant l'arbre et projette de l'énergie vitale à travers un large diamètre pour tous les êtres vivants se trouvant à proximité. Un être conscient, un *deva*, assiste dans le processus, » répondis-je, gardant le plus important pour la fin.

« Que veux-tu dire avec le mot *deva* ? » questionna Lloyd, comme s'il s'agissait d'un examen.

« Deva vient du terme sanskrit signifiant dieu, être céleste ou ange, » lui répondis-je sur le même ton. « Dans les anciens textes védiques, vieux de plus de trois mille ans, les devas étaient connus pour s'occuper des forces de la nature et des éléments terre, air, feu et eau. Les traditions celtes et hindous ont une origine commune indo-européenne et nombre de leurs croyances sont similaires. »

« Ces devas sont-ils des êtres élémentaires ? »

« Je dirais que oui, mais pas comme vous, » répondis-je. « Les leprechauns, elfes, gnomes, trolls, et autre élémentaires sont plus solides et plus individualisés que les devas. Vous êtes davantage comme les humains. Les devas sont très différents. »

« Décris de quelle manière ils sont différents, » lança-t-il, me scrutant par-dessus ses bifocales et poursuivant mon examen.

« Pour moi, les devas sont plus éthérés, plus comme des vagues mouvantes d'une énergie consciente colorée, » répondis-je au 'professeur'. « J'ai vu des devas qui élevaient des arbres, des forêts et même des rangées entières de montagne. Ils ne *connaissent* pas seulement le plan divin, mais ils *sont* le plan divin, et les devas produisent tout dans le monde naturel en accord avec ce plan. Les devas des arbres de ce parc sont aussi grands que leur arbre et considérablement évolués. »

« Bon travail, examen réussi, » dit mon mentor élémentaire avec enthousiasme, sautant sur ses pieds et me donnant une tape sur l'épaule, avant de filer à travers le parc.

« Rassemble tes gens à l'autre bout du parc sous ce vieil arbre, » héla-t-il en pointant du doigt la direction qu'il voulait nous faire prendre. « Voilà l'endroit qui a besoin de guérison. »

J'agitai ma main pour attirer l'attention de tout le monde et montrai du doigt l'arbre indiqué par le leprechaun. La location n'aurait pas été mon premier choix car sans intimité. L'arbre était situé juste aux côtés d'un sentier public depuis lequel des locaux pouvaient nous voir. Cependant, je faisais confiance au choix du leprechaun, et nous formâmes un cercle à côté du vieil arbre.

Gnomes, trolls, brownies et une variété d'autres élémentaires suivirent les instructions de Lloyd et formèrent un cercle autour des humains. Nous n'étions pas seuls. A travers tout le parc, les devas des arbres focalisèrent leur attention sur nous. Les devas, comme les élémentaires, manifestaient leur intention de travailler avec les humains pour guérir la Terre. Mon co-leader élémentaire voulait que je mène les prières, et je m'exécutais. Je donnai à chaque humain une bougie à allumer, et lorsque ce fut fait, les bougies entre les mains des élémentaires s'allumèrent à leur tour. Nos trois races conçurent ensemble la vision de toutes les créatures de la terre, de l'air et de l'eau vivant en paix, et je sentis le Saint-Esprit renforcer nos prières.

Quand nous eûmes terminés, Robin, une de nos pèlerins de la Virginie, qui, comme Caitlin, est un hybride élémentaire, demanda si elle pouvait dire quelques mots. Robin a les cheveux coupés courts et des yeux brillants encerclés par des lunettes de grand-mère, serties sur un visage de lutin. Comme de nombreux hybrides élémentaires, elle ne faisait pas son âge et était pleine d'enthousiasme et d'une bonne humeur contagieuse. Contrairement à certains hybrides élémentaires ayant du mal à gérer la réalité quotidienne de ce monde, Robin, étant une brownie élémentaire, est une experte-conseil efficace dans sa vie de tous les jours.

Respectant son intuition, je la laissai prendre les devants et elle nous mena dans une prière pour les arbres dans le parc. Ses prières terminées, les élémentaires et les humains se dispersèrent et je flânai tranquillement en direction du bus.

Michael, qui avait observé la cérémonie depuis l'abri du bus, s'adressa à moi. Montrant du doigt la direction de l'arbre sous lequel nous avions effectué nos prières, il dit, « C'est intéressant que vous soyez allés vers cet arbre. »

« Pourquoi donc ? » demandai-je.

« Un criminel célèbre, un voleur de grand chemin, y a été pendu. » répondit Michael, satisfait de partager une information qu'il était certain que je ne connaissais pas.

« Je vois, » affirmai-je, comprenant mieux pourquoi le leprechaun avait voulu que nous offrions nos prières à cet endroit précis. Il s'agissait d'effacer la mémoire traumatisante de cet arbre et de ce parc, et je ne pouvais qu'espérer que nos prières étaient parvenues à le faire.

Le trajet fut court de Belcoo à Boa Island où nous voulions visiter la statue de 'Janus' vieille de deux mille ans, située dans un cimetière païen. Descendant un sentier en friche, nous passâmes à travers un tourniquet planté au milieu d'un bosquet d'orties. La figure païenne à deux faces, haute d'environ quatre pieds, se dressait au milieu d'un champ sans clôture. La statue de Janus est considérée comme étant masculine d'un côté et féminine de l'autre, et, ses mains cachant les parties intimes, il se peut que cette figure ait servi autrefois comme objet de culte en rapport avec la fertilité. Le cimetière était un lieu désolé car seuls les suicidés et les non-baptisés étaient enterrés en cet endroit. Nos amis élémentaires, n'aimant pas les cimetières, même si ces derniers étaient païens, ne nous avaient pas rejoints.

« Très irlandais, » pensai-je, « de reléguer les suicidés, inacceptables aux yeux de l'église, sous l'égide d'un dieu païen. »

La statue de Janus

Les irlandais catholiques, pourrait-on argumenter, sont toujours à demi païens et adaptent leur religion de manière pratique. Par exemple, à Keel, les gens se rendent à la messe le samedi soir, pour ne pas avoir à se lever tôt le dimanche matin, après une nuit passée à boire au pub. Comme bien-pensants !

« Tu ferais mieux de ne pas traîner, » mon collègue élémentaire interrompit mes pensées. « Certaines de vos gens veulent aller faire du shopping. Pour sûr, il pourrait y avoir une mutinerie si tu ne concèdes pas à leur souhait. »

« S'ils se mutinent, » répliquai-je, « le fait d'être privé de shopping sera tout en bas de leur liste de revendications, après le microphone hors-service sur le bateau, Belfast, et le nombre de sites manqués. Tu vois le tableau. »

En même temps, je réalisai qu'il avait un bon point. Nombreux d'entre nous voulait visiter la fabrique de Belleek afin de se procurer la fameuse porcelaine. J'avais découvert au fil des années que même les personnes 'spirituelles' aiment faire du shopping, si bien que je prévoyais toujours un certain temps pour cette activité. Par bonheur, Paddy, toujours aussi efficace, nous ramena au lieu-dit avec une bonne avance, laissant amplement de temps à notre disposition.

Le souper ne fut pas comparable à la cuisine de haut standard servie par Mary, la veille, à l'Unicorn. Il y avait beaucoup de visages maussades, que même le shopping n'avait pas réussi à égayer. Je constatai une tristesse et une frustration croissante dans le groupe. Ceci, en retour, augmenta ma propre anxiété à l'idée que je ne pouvais pas les aider. Nous étions en train de sombrer rapidement dans la phase suivante du processus de mort lequel, vous vous en rappelez, est la dépression.

Un thème de ma vie est le désir de vouloir satisfaire les besoins d'autrui et de ne pas y parvenir. Je désirai ardemment partager la magie et le mystère d'Irlande à son mieux, et nous n'en vivions que le pire. Oui, je pourrais être philosophique et dire que le 'pire' constituait vraiment le cœur de notre pèlerinage et le catalyseur pour notre transformation personnelle. Cependant, pour un être humain, il s'agissait d'un trou sans fond. J'étais assaillie, comme nous tous, dans mes retranchements les plus vulnérables.

Le Trio était assis à part comme à l'accoutumée, et se rendit vers un autre établissement avant que le reste d'entre nous n'ait terminé de manger. Je fus surprise de constater qu'ils ne logeaient pas avec nous et ne pus les atteindre pour revoir avec eux le programme du lendemain. Malgré ma tentative de suivre le conseil du leprechaun de vivre dans le moment présent et de lâcher mes attentes quant à l'occurrence d'expériences positives, je ne pus m'empêcher de ressentir un certain malaise lorsque je me retirai pour la nuit.

Chapitre 8

La pire journée

Dès l'instant où j'ouvrais les yeux le lendemain matin, j'eus le pressentiment que ce ne serait pas une bonne journée. Je savais déjà que nous allions manquer deux des sites de l'itinéraire original parce qu'ils étaient fermés. Il s'agissait du Ulster History Park, qui comptait des habitations grandeur nature de l'âge de la pierre jusqu'au XVIIe siècle, et Emain Macha, une forteresse de l'âge du bronze connue comme le Camelot d'Irlande.

Le troisième site prévu, et le seul restant, était Beaghmore Stone Circle. J'avais visité Beaghmore – également surnommé Dents de dragon – la dernière fois que j'avais amené un groupe en Irlande et j'étais certaine que notre groupe aurait du plaisir à visiter cet endroit. De plus, il s'agissait d'un site païen, donc je pensais que notre ami leprechaun aurait voulu que nous nous y rendions.

Alors que les gens rangeaient leurs affaires, je me rendis vers la table de Michael et de Paddy pour revoir l'itinéraire du jour. Brian était déjà parti pour Belfast où il allait passer cette nuit. L'absence même de Brian aurait dû me prévenir de nos prochaines difficultés, ce dernier n'étant jamais, mais j'entends vraiment *jamais* dans les parages lorsqu'il s'agissait de résoudre une situation délicate.

« Beaghmore est trop loin si nous devons être à Belfast cette nuit, » dit Paddy, étudiant la carte.

« Mais Paddy, » plaidais-je, « Nous devons donner à nos gens au moins une chose qui leur a été promise. »

« En plus, il s'agit d'une petite route, et je ne pense pas que le bus puisse le faire, » répondit Paddy, recourant à sa raison favorite pour dire 'non', étant donné que c'était lui, et non pas moi, qui avait le dernier mot quant à ce que le bus pouvait et ne pouvait pas faire.

Michael, qui était en train de fulminer en silence, explosa, « C'est le pire tour organisé que je n'aie jamais vu et je ne sais pas ce qui me retient de tout balancer. »

Paddy hocha sagement de la tête pour marquer son approbation.

Je sentis qu'ils, Michael en particulier, me tenaient responsables pour la situation dans laquelle ils se trouvaient. Ils ne pouvaient concevoir que Brian et James le Lep, deux hommes irlandais dans le business depuis sept ans, aient pu être à l'origine d'un tel désastre. A leur place, j'aurais eu du mal à y croire également.

Les trois d'entre nous faisions continuellement face à des situations imprévues, ce qui suscitait peur, frustration et maintenant, colère. Lorsqu'il n'est pas possible de résoudre nos problèmes, alors nous devons accepter 'ce qui est' avec autant de grâce et de compassion que possible. Je savais que nous n'avions pas d'autre choix.

Me penchant en avant, je fis appel au meilleur d'eux-mêmes et je les implorai, « Michael, nous sommes tous dans le même bateau. Je sais qu'il est dur pour vous de ne pas pouvoir faire un travail digne d'un professionnel, tout comme Paddy, et tout comme moi-même. Cependant, nous devons essayer de rester aussi professionnels que possible, étant donné les circonstances. »

Je pus sentir que Paddy et Michael restaient sur leurs positions quant à Beaghmore et, parce que nous avions plus besoin d'un conducteur de bus et d'un guide plutôt que d'un site, je concédai.

« Si nous n'allons pas à Beaghmore, que pourrions-nous offrir à notre groupe ? »

Ils avaient déjà dû avoir conçu un plan, car Michael répondit un peu trop rapidement, « Je connais un village déserté qui se trouve exactement sur notre chemin et nous pourrions aller là-bas. »

Paddy hocha la tête hâtivement pour donner son accord.

Je n'étais pas contente de la proposition. Cependant, insister pour Beaghmore aurait été désastreux. « Très bien, » acceptai-je, « Que pouvons-nous voir à Armagh, puisque nous ne pouvons pas visiter Emain Macha ? »

« Je pourrais vous emmener à St. Patrick's Cathedral, » offrit Michael, s'enflammant à sa propre suggestion.

« Je ferais bien d'aller chercher mon bus, » dit Paddy, sautant sur ses pieds.

La catastrophe avait pu être prévenue, du moins pour le moment, mais je restai secouée par la discussion. Je me sentais piégée au milieu, incapable de satisfaire ni les besoins du groupe, ni d'établir une bonne relation de travail avec Paddy, Michael et Brian. Certains de mes amis et collègues faisaient partie du tour, mais ils étaient venus pour avoir du bon temps et je ne voulais pas les accabler avec mes problèmes.

Une de ces amies était Ruth, qui était aussi la directrice de notre institut au Canada. Il s'agissait des plus longues vacances qu'elle et son mari Ralph, un travailleur acharné, avaient pris dans leur existence et, même si je savais pouvoir probablement compter avec leur sympathie quant à mes misères, je voulais qu'ils puissent pleinement profiter de leurs vacances. De surcroît, je pouvais voir dans les regards fuyants et aux mines courroucées, que certains d'entre nous n'étaient pas convaincus de la nature spirituelle de nos difficultés, et tendaient même à vouloir me considérer comme responsable.

Je n'étais que trop consciente que nos pèlerins éprouvés ne recevaient pas les vacances irlandaises pour lesquelles ils avaient payés.

Il est bien plus facile pour moi de faire face à 'ce qui est' lorsque je suis la seule personne concernée. Je trouvai la tâche bien plus difficile lorsque des personnes tierces étaient impliquées. S'il existe bien une maladie de se sentir trop responsable, j'en étais sévèrement atteinte, et ce tour était en train de démanteler cette qualité douloureusement hors de mon être, pièce par pièce.

Nos gens étaient en train d'attendre pour le départ lorsque je sortis de notre discussion. Ruth dût remarquer ma détresse, car elle demanda, « Est-ce que tu vas bien ? »

« Juste plus de Craic », dis-je avec un sourire énigmatique, pour me précipiter vers ma chambre, empoigner mon sac à dos et donner le signal de départ. Nous conduisîmes en silence ce matin-là, chacun semblant, comme moi-même, être proie à la déprime ou à la colère. Dans un tour normal, les gens seraient en train de bavarder, plaisanter, et en train de partager leur expérience. Le silence ce jour-là était assourdissant. Même le leprechaun et ses compères étaient absents, alors que nos pèlerins défaits étaient conduits dans les antres toujours plus sombres du Craic.

Après deux heures de route, Michael commença à donner les instructions à Paddy pour le village déserté. Je n'aurais pas pu imaginer que les choses puissent s'empirer, mais ce fut le cas. En peu de temps nous étions perdus, allant et revenant sur la route. Après beaucoup de confusion, je me hasardais à demander si nous pourrions peut-être demander notre chemin à la prochaine personne que nous allions croiser, et, à ma surprise, Paddy fut de mon avis. Alors que nous étions en train d'effectuer notre prochain virage à tête d'épingle, nous vîmes un homme sortir de son bungalow. Vous auriez dû voir l'air éberlué de cet homme à la vue d'un car cinquante places rempli de touristes s'engageant sur son allée.

Paddy, se penchant hors de la fenêtre, demanda son chemin. L'homme semblait connaître la location de ce village déserté, en vue du nombre de gestes vers la gauche et vers la droite accompagnant ses mots. Michael resta silencieux le temps des nouvelles directives. Après avoir inversé le sens du bus, Paddy ne tarda pas à être sur la bonne route et nous trouvâmes le village sans autres difficultés. Le problème immédiat fut qu'il n'y avait pas de toilettes ; si bien que, avant tout autre choses, trente personnes se mirent précipitamment à la recherche de buissons.

A nouveau rassemblés, Michael fit de son mieux pour nous faire un tour de ce village déserté. Malheureusement, l'expression « On ne peut tirer de la farine d'un sac de son » fut un bon résumé de notre expérience. Le village était horrible. Il n'y avait absolument rien à voir, et les gens commençaient à se plaindre activement qu'ils ne recevaient pas ce pour quoi ils s'étaient inscrits. Tout le monde s'entendait également sur le point qu'ils étaient mécontents de devoir se rendre à Belfast cette nuit-là. Je ne pouvais qu'espérer que la visite de St. Patrick's Cathedral à Armagh allait être intéressante. Retournant dans notre bus, nous mîmes le cap vers Armagh. Une fois de plus le trajet se fit en silence étant donné que ni Michael, ni moi-même n'avions quelque chose de positif à dire.

« Il est l'un d'entre nous, pour ainsi dire, », dit mon ami leprechaun, apparaissant sur le siège de l'autre côté du couloir et en hochant la tête en direction de Michael.

« Tu veux dire que Michael est un être élémentaire ? » demandai-je, incrédule.

« Non, mais il a du sang de géant », répondit-il, avant d'ajouter. « Cela explique en partie le problème que vous avez du mal à vous entendre, tous les deux. »

J'avais déjà suspecté Michael comme étant éventuellement un hybride avec une parenté avec les géants, si bien que les paroles de Lloyd ne firent que confirmer mes pensées. Comme je m'entendais d'ordinaire à merveille avec les hybrides élémentaires, angéliques et autres, je n'arrivais pas à comprendre pourquoi Michael et moi ne parvenions pas à nous entendre.

« Pour rien au monde, ne voudra voir *cette* personne, *cette* partie de lui-même. » soupira mon ami, en insistant sur le mot '*cette*' à deux reprises. « Il est très triste lorsque qu'un être refuse de reconnaître sa véritable nature. C'est la raison pour laquelle Michael a passé sa vie à étudier les géants, les esprits et le 'petit peuple'. Ces êtres le fascinent, mais il veut les maintenir à bonne distance, pour rester en sécurité. Puis, tu débarques subitement avec un groupe de trente personnes croyant en ces êtres 'mystiques' et il se retrouve au milieu d'un océan sans fin. C'est la raison pour laquelle il ne prend jamais part à vos méditations ou n'écoute pas ce que tu as à dire. Tout cela est trop proche de sa zone de confort. »

« Que puis-je faire ? », demandai-je, prête à forger une meilleure relation avec Michael.

« Absolument rien, » répliqua mon ami avec enjouement. « Vous, êtres humains, voulez toujours enjoliver les choses. Apprends simplement à accepter ce qui est. »

« Serait-il blessé, si je lui demandais de parler au sujet des géants, en théorie bien sûr ? »

« Non. Celui-là adore étaler son savoir, n'est-ce pas ? » rigola le leprechaun, loin de se reconnaître dans ses propres propos.

Je me penchai pour attirer l'attention de Michael, je lui demandai s'il pouvait nous parler au sujet des géants. Il accepta avec entrain, ayant du plaisir à partager son savoir et conscient que nous avions du plaisir à l'écouter.

Enclenchant le microphone, il commença. « Tanis vient de me demander de parler au sujet des géants et je dois dire que les histoires abondent. Dans la Bible, il y a Goliath tué par David, et dans la Genèse il est fait mention des *Nethalim*, progénitures entre dieux et mortels, qui auraient été détruits durant le Déluge. Les géants ont aussi leur référence en Irlande, par exemple à travers notre héro légendaire Finn MacCool, Chevalier de la Branche-Rouge. Pour votre curiosité, les Chevaliers de la Branche-Rouge sont les équivalents des Chevaliers de la Table ronde du Roi Arthur à Camelot.

Des lunettes apparurent sur le nez du leprechaun, et ce dernier fit tout un théâtre pour sortir sa fiche de score.

« Dans le nord d'Antrim, » continua Michael avec enthousiasme, « les anciens marins étaient avertis de ne pas s'approcher de Portrush et de Ballycastle par peur des géants cannibales vivant là-bas. En effet, trois crânes furent trouvés dans les années 1800 dont la dimension était trois fois supérieure à celle d'un humain normal. »

« Il est vrai, » ne pouvais-je m'empêcher de remarquer, « Michael a plutôt une grosse tête. »

« Mis à part Portrush à Antrim, » dit Michael, « Il est reporté dans les chroniques officielles qu'un squelette gigantesque aurait été trouvé en 1834 sur les terres de Ballywillan Church. Il aurait été enterré à nouveau et le prêtre aurait reconsacré les terres, le squelette étant païen. »

Epiant sur la fiche de score, je remarquai que cette fois-ci, Michael n'avait reçu que des coches vertes.

Michael poursuivit, « Antrim compte des grandes femmes même dans les temps modernes, et Mary Murphy, notre géante la plus connue avec sept pieds de haut, venait de Portrush. Elle fut présentée au roi William the Third et Mary the second en 1691. Mary était très belle et beaucoup d'hommes la demandèrent en mariage. Elle épousa finalement un capitaine de la marine française. Ce dernier abandonna la mer et commença à exhiber Mary comme attraction dans un spectacle de foire. Les dernières nouvelles de Mary datent de 1710, alors qu'elle était alcoolique, désertée par son mari et vivant hors de Paris. »

Avec ces derniers mots Michael éteignit le microphone, marquant la fin de son discours.

« Pas étonnant que Michael ne veuille pas reconnaître, même à l'égard de lui-même, qu'il a du sang de géant, » pensai-je avec sympathie.

« En effet, » reconnu tristement le leprechaun. « C'est la raison pour laquelle les êtres élémentaires et les géants ont un destin similaire. La plupart des humains d'aujourd'hui ne voient pas d'utilité dans aucune de nos deux races, n'est-ce pas ? »

J'étais sur le point de répondre lorsque je remarquai que nous étions sur le point d'entrer à Armagh, une des plus vieilles villes d'Irlande. Paddy, un homme du sud, ne connaissait pas Armagh. Pourquoi donc se montrer surpris, lorsque nous nous trouvâmes entrain de descendre la mauvaise rue, dans un sens unique, au beau milieu de la ville ? Paddy, remarquant immédiatement son erreur, tenta de changer de direction au prochain stop, mais ce ne fut que pour constater que des voitures pressaient déjà à l'arrière et que nous étions en train de bloquer une intersection à quatre voies.

« Michael, sors de là et aide moi à inverser le sens du bus ! » s'exclama Paddy, ouvrant la portière de pleine volée.

Michael débarqua, mais sembla ne pas savoir quoi faire. Trente paires d'yeux le virent alors se diriger et entrer dans un magasin à proximité. Pour chercher de l'aide, pensai-je, mais il ne réapparu pas.

Paddy, en proie à une agitation grandissante, s'écria, « Mais qu'est-ce qu'il fait ? »

Des vagues d'incertitude, proche de l'hystérie, déferlèrent à travers le bus.

Alors que Michael ne revenait toujours pas, mon co-leader élémentaire me donna un coup de coude dans les côtes et me pressa, « Qu'est-ce que tu attends pour demander à ton homme si tu peux lui venir en aide ? »

J'étais réticente à le faire, de peur d'interférer sur un territoire considéré comme masculin, mais mon ami ne me lâchait pas et continuait à me bourriner dans les côtes.

Je me penchai en avant et me hasardai à demander à Paddy, « Voulez-vous que j'essaye de vous aider ? »

« Vous feriez cela ? » répondit-il avec reconnaissance.

Débarquant à mon tour, je découvris que notre problème était plus sérieux qu'il n'en avait l'air depuis la sécurité de mon siège. Le bus avait totalement bloqué le trafic dans les quatre directions.

« Qu'est-ce qu'il me prend de me laisser convaincre par un leprechaun d'arranger ce chantier ? » maugréais-je à moi-même, n'ayant jamais dirigé la circulation routière de ma vie.

Levant le regard, je vis le visage consterné de pèlerins me dévisageant de l'autre côté de la fenêtre des passagers. Certains fronçaient des sourcils, mais nombre d'entre eux étaient aussi en train de rire, que la vérité soit dite, ayant saisi l'esprit du Craic. Dr. Carl et Peggy avaient sorti leur caméra et prenaient des photos pour la postérité ; Katje, dans son style calme et gracieux, me faisait des signes de la main en souriant. Et le leprechaun… ? Accoutré d'un uniforme d'agent de circulation miniature, agitant un panneau rouge d'arrêt et équipé d'un sifflet, passait du très bon temps à rire de la situation.

M'inspirant de ses singeries et de mes propres souvenirs de la police effectuant cette tâche, je plongeai dans ce rôle peu familier. Levant ma main gauche, j'arrêtai la circulation sur une voie tout en dirigeant l'autre à travers l'intersection. L'expression sur le visage des conducteurs en valait le spectacle. Quelle était la dernière fois que ces derniers avaient vu une touriste en chapeau-sandales et pantacourt vert limette, sauter hors d'un bus pour le diriger à travers une intersection congestionnée ? Je suis sûre que la réponse aurait été 'jamais'. Finalement, je fus en mesure de créer assez d'espace pour permettre à Paddy de reculer. Il tourna le bus dans une voie principale, ouvrit la portière et je remontai dans le bus.

« Bon travail », dit-il avec gratitude, alors que je fus accueillie par des applaudissements par ceux qui avaient été témoins du fiasco. Lloyd, se tordait de rire dans son siège, les mains autour de son ventre. Quelques instants plus tard, Michael refit son apparition et monta dans le bus. Dans un silencieux accord, personne ne fit de commentaire.

« Garde toi de dire quoi que ce soit. », murmura mon ami élémentaire. « Les géants sont fiers et susceptibles. »

Paddy parqua le bus et Michael suggéra que nous nous retrouvions après le déjeuner pour une visite de la cathédrale. A l'heure convenue, certains firent leur apparition alors que d'autres continuaient à faire du shopping. Ils ne manquèrent pas grand-chose. La cathédrale était un édifice peu intéressant du dix-neuvième siècle.

C'était un groupe déprimé et abattu qui mit le cap sur Belfast cet après-midi-là. Une longue route sans rien à voir – mais vraiment rien – nous attendait, puis nous devions revenir sur nos pas le lendemain en direction sud. Brian prétendait qu'il nous fallait passer la nuit à Belfast car il ne lui avait pas été possible de trouver un hébergement à Armagh. Je trouvai son explication plutôt faible, mais il était difficile de savoir où se trouvait la vérité.

A une demi-heure de Belfast, Michael alluma le microphone et commença à nous parler des difficultés entre les protestants et les catholiques. Il mentionna qu'il était lui-même protestant marié à une catholique et que sa vie avait été menacée plus d'une fois. Les propos de Michael devaient être pris au sérieux, ce dernier habitant à Belfast et connaissant les tenants et aboutissants de la situation politique. Il nous suggéra fortement de rester dans notre hôtel cette nuit, une sortie étant considérée comme trop dangereuse.

« Juste la semaine dernière, » raconta-t-il, un touriste a été tué parce qu'il se baladait dans le mauvais quartier de Belfast. »

Le jour se terminait aussi mal qu'il avait commencé. Je ratissai mon cerveau à la recherche d'une solution pour tenter de rehausser notre piètre situation. Une méditation de groupe sur le thème de la paix me sembla le choix le plus judicieux pour le soir.

La seule chose positive que je pouvais dire à propos de notre hôtel à Belfast fut que les lits étaient confortables et les douches chaudes. Le souper fut désolant et me rappela la nourriture dans les dortoirs universitaires. Nous avions le choix entre un plat de pâte ou un ragout irlandais visqueux, coiffé d'un gâteau industriel pour le dessert. Ce souper désagréable nous fut servi dans le hall principal de l'hôtel, où nous devions faire la queue comme dans une cafétéria. Une nourriture peu appétissante dans un cadre minable et une ville violente, voilà qui allait déplaire à plus d'un.

Pour empirer les choses, en défaisant mes valises afin de me préparer pour le meeting du soir, je constatai que dans le brouhaha du matin avec Paddy et Michael, j'avais réussi à oublier ma trousse de toilette et une partie de mes habits à notre dernier hôtel. J'appelai James le Lep et ce dernier me promit qu'il allait faire parvenir mes affaires par courrier à Dublin pour la nuit suivante. Bénis soient ceux qui ont la Foi !

Entre-temps, je pus emprunter de la pâte dentifrice à Katje, une brosse à dent à Peggy, de la solution pour lentilles chez Diana et un peigne chez Melanie. Je n'avais ni rouge à lèvre ni de crayon pour les yeux, si bien que je me résignai à rester sans maquillage – ce qui laisse certaines femmes, moi incluse, l'impression d'être un rien dénudées. Je me sentais déjà dépiécée par les nombreux événements du pèlerinage. Et j'ignorais que ce soir-là, j'allais être jetée dans un abysse plus profond encore.

Un groupe mécontent se retrouva pour la méditation pour la paix et un certain nombre de personne, y compris Kirsten et Diana, ignorant le conseil de Michael, était sorties en quête de musique et pour prendre un verre – probablement beaucoup de verres. Mais je ne leur en voulu pas. J'aurais bien pris un verre ou deux moi-même. De nombreux pèlerins se sentaient très misérables, ne sachant qui blâmer, ni comment corriger la situation. Ils ne parlaient pas directement avec moi, mais je pouvais voir à leur expression qu'ils étaient malheureux. De plus, avec le Trio restant à l'écart, nos gens se sentaient malvenus dans un pays connu pour sa chaleur et son hospitalité.

Pour ma part, je continuai à corriger ce que je pouvais, sentant la raison cachée de nos difficultés et développant une acceptation croissante du Craic. Cependant, comme mentionné par mon ami leprechaun ultérieurement, chacun d'entre nous devait renoncer à ses attentes et se soumettre davantage encore à 'ce qui est'. Avec cet objectif en tête, je commençai la méditation. Mon co-leader élémental apparut dans un siège à mes côtés dans le but de m'aider, pensai-je.

« Marchons à travers la pièce et choisissons une carte des anges pour nous aider à comprendre ce que nous sommes en train de vivre. » suggérai-je, dépeignant la situation de manière à la fois optimiste et réaliste.

Je fus soulagée d'entendre Hannah et Sara, nos deux charmantes vieilles dames, parler de leur tour de manière positive. Robin et Katje, voulant donner aux élémentaires le bénéfice du doute, parlèrent des nombreuses leçons positives qu'ils apprenaient à travers eux. Melanie, toujours prête à offrir son soutien, m'adressa un sourire d'encouragement, alors que son mari Max, béni soit-il, contrôlait son tempérament et tentait de garder l'esprit ouvert. Du coin de l'œil, je vis Lloyd leur sourire chaleureusement, hochant de la tête pour marquer son approbation.

D'autres personnes restèrent maussades et, bien que ne se plaignant pas ouvertement, restaient réticentes aux enseignements du leprechaun. Mon co-leader élémentaire les observa soigneusement et je pus le voir en train de faire des notes mentalement quant à la manière de leur donner un coup de pouce vers le bon chemin.

Relevant ma pensée quant à la peine éprouvée par les autres, il dit, « Les temps ne seront jamais aussi favorables que ceux-ci, avec autant de monde rassemblé dans le même endroit et croyant en nous. Pourquoi donc nous priver de leur rendre un bon service ? »

« Bon ne signifie pas nécessairement une expérience joyeuse ou agréable, comme nous aimerions tant que cela le soit, n'est-ce pas ? » demandai-je au nom de nos pèlerins oppressés.

« Nous autres élémentaires cherchons à faire les choses de la manière la plus efficace possible. Tu le sais bien. Et nous sommes en train de faire des progrès 'reeeemarquable' avec vous humains, » dit-il avec un grand sourire, se félicitant lui-même.

« Veux-tu dire par là, que plus vite nous, humains, accepterons 'ce qui est', et plus rapidement nous naviguerons en phase avec le Craic ? » demandai-je ?

« Je n'aurais pas pu le dire mieux. » pouffa-t-il, me donnant une tape amicale sur l'épaule.

« Les bouddhistes diraient que l'acceptation de 'ce qui est' est la clé vers la paix intérieure. » élaborai-je, lui donnant une tape mentalement sur l'épaule à mon tour, comme deux compères masculins qui s'entendent bien.

« Le Dalai et moi nous exprimons d'une même voix », répliqua le leprechaun, troquant sa tenue habituelle contre la robe orange et marron des moines bouddhistes, sous laquelle ses grands pieds dépassaient. Ceci était manifestement son signal pour que nous passions à la deuxième partie de la soirée – la méditation pour la paix.

Me tournant vers le groupe, je commentai, « Le Dalai Lama a dit que tant que les gens n'empruntent pas le chemin de leur propre transformation, il n'y a aura pas de paix dans le monde. La paix intérieure et extérieure est devenue un thème majeur de notre pèlerinage. Il est parfait que nous ayons été emmené à Belfast, avec son histoire pleine de violence, même contre notre volonté. Le lâcher prise de toutes attentes et accepter avec bienveillance 'ce qui est' est la clé vers la paix intérieure. Nos amis élémentaires sont des maîtres merveilleux en la matière, même si malgré nous, ils semblent nous avoir abonnés à un cours intensif. »

Alors que nous commencions à méditer, je jetai un coup d'œil à mon collègue leprechaun. Ce dernier avait croisé ses jambes sur sa chaise et roulait des yeux derrière ses paupières mi-closes avec une expression de béatitude exagérée. Il jubilait de toute évidence de son état en tant que tout premier leprechaun jamais converti au bouddhisme. Son chapeau haut-de-forme avait été remplacé par un chapeau en forme de pyramide ressemblant à celui porté par 'le Dalai', sauf que celui du leprechaun était couvert de trèfles verts. Comment ne pouvais-je pas sourire alors que moi-même, je méditais à ma façon pour la paix ?

Pour la centième fois peut-être, je souhaitai que les autres puissent aussi voir et entendre le leprechaun comme j'étais en mesure de le faire. Cela me donnait un avantage dans la compréhension des situations souvent difficiles auxquelles nous étions confrontés, sans mentionner que j'appréciais également son sens loufoque de l'humour.

Durant ma méditation, je songeai à comment le pèlerinage m'avait amplement aidée à observer ce qui pouvait aider chacun, moi comprise, à progresser vers le non-attachement et l'acceptation de ce que l'univers, sous la forme du Craic, nous offre.

Tout d'abord, je remarquai que nous acceptons une situation difficile plus facilement lorsque nous nous détachons de son aboutissement. Deuxièmement, lorsque l'on fait confiance à quelqu'un – comme c'était le cas pour moi envers le leprechaun, ou comme certains pèlerins à mon égard, nous avons une foi agrandie en ce que cette personne nous dit. Troisièmement, l'acceptation est facilitée lorsque le même message est répété par des sources différentes. A bien des égards, je sentis comme un appel de détresse émis en direction du Trio qui ne partageaient pas ma perception de la réalité.

« Ne serait-ce pas une bonne chose, » pensai-je pour moi-même, en terminant la méditation et en ouvrant les yeux, « s'il y avait quelqu'un d'autre que moi-même pour aider mes gens à comprendre le sens profond des leçons intérieures que nous recevons ? »

« Ton souhait, ma petite, sera exaucé sous peu, » dit mon ami leprechaun en culbutant son chapeau en forme de pyramide d'une manière que les bouddhistes auraient pu considérer comme outrageux. « Nous autres élémentaires voyons que toi et tes 'humains' pourriez bénéficier d'une pause du Craic sombre et nous allons donc continuer par des leçons du Craic léger. »

Sur ce message cryptique, il disparut.

Chapitre 9

Le Craic

Un soleil radieux nous accueilli le lendemain, comme chaque jour de notre tour jusqu'à présent. « Sois reconnaissante pour cela », pensai-je, me préparant pour le départ. Aujourd'hui nous faisions route vers le sud, pour retourner à Dublin. Il s'agissait d'une longue route, mais nous avions la chance de visiter trois sites en chemin. Chantez les alléluias ! Enfin, par miracle, nos pèlerins allaient recevoir quelque chose qui leur avait été promis.

Notre premier arrêt consistait à aller chercher Dr. Tim Campbell, le directeur du St. Patrick's Heritage Centre à Downpatrick, qui allait nous accompagner personnellement dans cette partie du tour. Tim était un jeune homme agréable et Michael lui céda son siège de guide afin que Tim puisse parler avec nous. Downpatrick est le siège administratif de l'Irlande du Nord et, contrairement à Belfast, il s'agit d'une ancienne ville côtière. Il y a de nombreux sites aux alentours de Downpatrick en rapport avec St. Patrick, et un de ces sites est Struell Wells (*struell* signifiant *ruisseau*).

En arrivant à Struet Wells, nous fûmes accueillis par un homme de grande taille avec une barbe blanche, dont l'allure semblait se trouver à mi-chemin entre celui d'un érudit et d'un hippie. « Voici Dr. Stan

Papenfus, » dit Tim, introduisant son ami. « Stan est un psychologue avec un intérêt particulier pour les sources d'eau guérissantes et les sites sacrés et il va nous montrer les lieux aujourd'hui. »

« Struell wells est abandonné de nos jours, mais il compte deux mille ans d'histoire, avec une apogée durant le dix-septième siècle, alors que les gens affluaient pour la propriété curative de ses eaux afin de se guérir eux-mêmes, en particulier leurs yeux. » dit Stan, commençant le tour.

Struell Wells

Stan nous guida à travers les bains et nous expliqua leur fonction. Caitlin descendit vers l'un d'eux pour asperger son visage meurtri qui guérissait peu à peu, alors que Molly remontait sa manche pour verser un verre d'eau sur son bras blessé. Chacun prit le temps d'imprégner ses blessures et courbatures, alors que Stan nous attendait patiemment. Nombre d'entre nous, comme Dr. Carl et Wolfgang, remplirent des bouteilles avec l'eau afin de pouvoir l'utiliser pour des rituels de guérison et des préparations curatives une fois de retour à la maison. Nous pûmes profiter pleinement de ces lieux magnifiques et paisibles et je crus que la visite de Struell Wells avait touché à sa fin lorsque Stan, regardant dans ma direction avec une étincelle espiègle dans les yeux, proposa de lire un extrait de son livre *Paddy's Chin*. J'hésitai un instant, car je voulais que nous ayons suffisamment de temps pour visiter le centre de Tim à Downpatrick. Là-bas, nous pourrions voir un film sur St. Patrick, prendre le déjeuner, et passer aux indispensables toilettes. Alors que j'étais sur le point de décliner son offre, le leprechaun fit son apparition derrière lui, gesticulant autour de sa taille, et s'exclamant, « Dis oui, dis oui ! Cela fait des jours que j'arrange la chose. » A cet instant, une large enseigne lumineuse apparu au-dessus de la tête de Stan, avec les mots 'Craic léger' inscrits avec des néons.

« Avec plaisir, » acceptai-je, me retenant de rire face au message excentrique, et faisant signe à notre groupe de nous rejoindre près d'un bâtiment en ruine. Jouissant de la chaleur du soleil, nous nous assîmes au milieu des fleurs sauvages et, comme par magie, les élémentaires firent leur apparition, tout excité que commence l'histoire. Les jeunes trolls s'étaient adossés contre le bâtiment délabré et se donnaient des coups dans l'épaule, plein d'anticipation, alors que la délicieuse petite brownie de Peggy était assise à côté d'elle, souriant d'une oreille à l'autre.

Le gobelin de Molly, hyperactif comme toujours mais essayant de rester assis, manipulait nerveusement des brins d'herbe. Je dois avouer qu'il gagnait peu à peu mon estime, voire même mon affection, en tant que malfaiteur essayant de suivre le droit chemin. Entendant mes pensées, l'intelligent gobelin, le plus rapide de tous les élémentaires, me lança un demi-sourire et dit, « Tu n'es pas si mal non plus... pour un humain. »

Waouh ! Un compliment... de la part d'un gobelin. Soudain, je me rappelai l'image d'heureux humains et êtres élémentaires assis ensemble dans l'herbe, tombée du porte-document du leprechaun dans ma chambre à Keel. Maintenant, nous étions en train de le vivre. Grâce au ciel, cette scène était une scène de bonheur.

Avec le timing impeccable d'un bon conteur, Stan attendit d'avoir notre attention. L'ayant trouvée, il commença. « Mon livre est une interprétation irlandaise du Tao Te Ching et le Tao est ce que les irlandais appellent le Craic. Le Craic, comme le Tao, signifie *humour éclairé*, et désigne le processus d'expérimenter, exprimer et explorer la réalité. Vous ne comprendrez jamais l'Irlande ou l'irlandais, si vous ne comprenez et n'appréciez pas le Craic. »

Baissant son regard vers son livre, il l'ouvrit avec amour et commença sa lecture. « *Votre Homme*, un vrai sage, vit au cœur des évènements, navigue avec le courant, prend les choses comme elles viennent, est futé comme un renard, et reste jovial malgré tous les obstacles. 'Obstacles ? Quels obstacles ?' dit *Votre Homme*, « Sûrement, c'est tout du bon Craic, un puissant Craic.' »

« Mon Dieu, » pensai-je. « Stan aurait pu faire partie de notre tour. » Observant les autres, je remarquai qu'ils souriaient tous en accord. L'humour était manifestement ce qu'entendait mon ami leprechaun par Craic léger.

Stan reprit sa lecture. « On n'a pas d'autre choix que d'aller avec le Craic... 'Il faut être complètement toqué pour résister les voies du Craic ! » dit *Votre Homme*.

A présent, le gobelin de Molly et les jeunes gnomes se roulaient sur l'herbe en se tordant de rire, alors que les minuscules fées des fleurs qui accompagnaient Ute et Wolfgang, gazouillaient joyeusement en sautillant d'une fleur à l'autre.

« Tu vois quel superbe Craic nous avons eu avec vous jusqu'à présent ? » dit le leprechaun avec un petit rire.

Stan leva son regard et, voulant s'assurer que nous ayons bien compris la signification du Craic, commença à citer quelques phrases célèbres hors de leur contexte original. Que le Craic le lui pardonne ! Stan cita, « Albert Einstein a dit, 'Tout est relatif', voulant dire par là, relatif au Craic. William Shakespeare écrivit également, « Etre ou ne pas être. » Se trouver entre les deux, est le Craic. »

Maintenant aussi bien les humains que les élémentaires étaient en train de rire des références de Stan.

Baissant les yeux, Stan continua sa lecture. « Juste aller faire une tit' ballade,' dit *Votre Homme*. Ses besoins satisfaits, le ventre rassasié, il n'attend plus rien du monde. C'est pourquoi le Craic coule à flot à travers lui, sans emprise. »

Stan fit une pause après chaque joyau, les laissant produire leur effet. Je pouvais sentir ses mots guérir les difficultés que certaines de nos gens avaient éprouvés avec le Craic. Vous pouviez les voir réfléchir sur les faits d'une manière positive.

Stan poursuivit. « Le Craic vous montre tel que vous êtes vraiment. Aucune spéculation n'est requise. La flatterie induit en erreur. Les insultes tuent l'esprit. De quoi cherchez-vous à vous préserver ? La raison pour laquelle vous ne pouvez gagner contre le Craic est parce qu'il est de votre côté. »

L'elfe réservé de Dr. Carl, se tenant debout aux côtés de l'elfe magnifique de Kirsten, hocha la tête de manière affirmative en direction de Stan, signalant ainsi que Stan avait passé le test de conteur. Les élémentaires dévisageaient joyeusement, mais également avec une certaine suffisance, leur partenaires humains, et je fus témoin de leur fierté quant à leur merveilleuse aptitude à travailler avec le Craic pour nous enseigner.

Ce que les irlandais appellent le Craic est la fissure (le crac) entre le monde des humains et des élémentaires, entre ce que nous voulons et ce que nous avons. Il s'agit de l'endroit où règne le chaos, mais, comme démontré récemment par la science, le chaos a son propre ordre. Du

Craic nous avait été servi durant la majorité de notre pèlerinage.

« Des événements non planifiés, comme cette lecture de Stan à présent, marche à merveille n'est-ce pas ? » me demanda mon co-leader leprechaun, en quête d'applaudissement.

« Absolument, » dis-je, lui donnant son dû. « Ce ne sont pas les surprises en tant que telles, mais le rapport entre les surprises tristes et joyeuses qui pourrait bénéficier d'une petite correction. »

« Est-ce que vous 'humains' n'avez pas l'expression, « Qui aime bien, châtie bien » ?

« Nous avons une autre expression, « Un peu de miel aide à avaler la pilule », répliquai-je, avec la pensée que mes pèlerins et moi-même avaient une bonne livraison de miel en retard.

J'étais reconnaissante pour la lecture de Stan et notre temps avec lui ne se termina que trop rapidement. Sa traduction irlandaise du Tao avait approfondi notre compréhension du Craic en tant que chemin pour devenir plus conscient. Ceci était, en fin de compte, le but d'un pèlerinage. Une humeur bien plus légère et complaisante nous accompagna durant notre trajet retour vers Downpatrick pour passer aux toilettes – maintenant urgemment requises – et pour prendre le déjeuner.

« Vous autres humains avec votre obsession pour les toilettes, » commenta mon ami élémentaire. « On pourrait pourtant penser que les buissons font l'affaire la plupart du temps. »

Bien que certaine de ne pas vouloir tenter de convaincre mes gens à utiliser les buissons, je restais intriguée par sa remarque et par la question, comment dire, de ce que les élémentaires faisaient de leur déjection privée.

« Est-ce que c'est ce que vous utilisez ? » demandai-je, curieuse.

« Mais bien sûr. De cette manière, on retourne tout ce qui est bon dans la terre. Une bien meilleure utilisation, tu vois ? » dit-il, me poussant du coude.

« Est-ce que vos femelles utilisent aussi les buissons ? »

« Dans la plupart des cas, oui » dit Lloyd, moins à son aise, maintenant que j'avais entamé le sujet privé des femelles.

« Et pour les autres cas ? »

« Pour ces autres cas, nous avons des trous dans la terre, tout comme les humains sensibles avaient l'habitude de le faire. », répondit-il, comme s'il parlait à une attardée.

Juste à cet instant, nous arrivâmes au St. Patrick Centre et nombre d'entre nous se précipitèrent aux toilettes. Nous eûmes juste le temps de regarder le film sur St. Patrick avant de nous engouffrer à nouveau dans le bus pour mettre le cap vers le sud, direction Monasterboice.

Haute croix à Monasterboice

Monasterboice est connu pour ses hautes croix du dix-neuvième siècle avec des scènes bibliques. Michael reprit son rôle de guide, une tâche qu'il menait à bien lorsqu'il se trouvait sur un terrain familier, et les gens se baladaient aux alentours en prenant des photos. Monasterboice étant un site chrétien, les élémentaires étaient absents et il est bien possible qu'ils continuaient à avoir du bon temps à Struet Wells.

De mon côté, je me sentais mal, et je restais avec Paddy alors que ce dernier lavait son bus. Nous n'étions plus qu'à quelques heures de route de Dublin ; donc Paddy faisait son propre rituel de purification avant de retourner à la maison. Professionnel comme il était, Paddy avait terminé avant l'arrivée du groupe, et nous étions prêts à partir pour Dublin où nous allions passer les quatre nuits restantes.

Je devins de plus en plus malade et peu de souvenir me restèrent du trajet. Arrivant à la réception de l'hôtel, plusieurs personnes – qui resteront anonymes – découvrirent que leur chambre n'avait qu'une douche, sans baignoire. Ennuyés, ils demandèrent à changer de chambre. Bien qu'ayant connaissance de la théorie du Craic, la moindre difficulté la leur faisait oublier. Lorsque nous ne sommes pas contents, nous devenons souvent pointilleux concernant des choses qui d'ordinaire, ne feraient pas beaucoup de différence.

Aussi, il peut y avoir deux parties en nous. L'une qui comprend et approuve les leçons du Craic – l'être supérieur qui, en tant qu'observateur neutre, peut voir la lumière et l'humour dans une situation inconfortable. L'autre partie, la partie humaine, peut s'effondrer sous la charge du même événement. C'était moi. On m'attribua la dernière chambre au bout d'un corridor lugubre dans une vieille section de l'hôtel. Ouvrant la porte et me pressant à l'intérieur, je découvris juste un espace suffisant pour contenir un lit. La chambre était sombre avec vue sur le ventilateur du système de chauffage, dont le bruit continu rappelait celui d'un hélicoptère au décollage. Epuisée par le calvaire, Craic ou non, je m'effondrai dans le lit.

2ème partie :

Le pèlerinage intérieur par le lit

Chapitre 10

Les elfes de Glendalough

Il pleuvait averse lorsque mon réveil sonna le lendemain matin. Peut-être que les jours ensoleillés étaient derrière nous à présent. J'avais toussé et brûlé de fièvre toute la nuit et, épuisée, n'avais pas été capable de venir à bout du virus. Me saisissant du réveil, je l'éteignais et passai en revue mes options. Option une : m'habiller et aller à Glendalough, le site qui était prévu de visiter aujourd'hui. Option deux : rester au lit et tenter de récupérer. Mon corps avait besoin de rester au lit ; cependant, j'adorais Glendalough et je m'étais beaucoup réjouie d'introduire mes pèlerins à ce site des fées.

« Super choix ! » m'exclamai-je, pour constater avec surprise que j'avais perdu ma voix.

Amusée par cette nouvelle expérience du Craic, je fus surprise par l'apparition du leprechaun à mes côtés dans mon lit. Il était habillé d'une vieille chemise de nuit lui tombant jusqu'aux chevilles avec un bonnet de nuit pointu sur la tête. Son cou était drapé d'un foulard rouge gigantesque, un thermomètre sortait du coin de sa bouche et son nez était enflammé, comme s'il avait passé la nuit entière à se moucher.

« Je suis fourbu, » s'exclama-t-il, sortant son thermomètre hors de la bouche et haletant, « Essayer de mettre en ordre tous ces humains m'a complètement éreinté. »

« Eh bien, être 'mise en ordre' par tes soins m'a éreinté également, » renchéris-je dans un murmure.

« Nous avons besoin de quelques jours de repos pour reposer nos pieds et récupérer avant que la randonnée ne commence », répondit mon compère, ignorant soigneusement ma complainte.

« Je ne pourrais être plus d'accord, » gémis-je, pensant à la randonnée que je menais le jour après ce présent pèlerinage. Je m'en réjouissais énormément, mais pas dans les conditions présentes.

« Donc nous sommes d'accord, » répondit-il, sombrant plus profondément dans le lit et fermant les yeux.

Avant que je puisse me reposer, contrairement à mon co-leader élémentaire, je devais prendre des dispositifs pour le groupe et demander de l'aide. Je sortis lentement du lit en toussant et m'habillai. Entrant dans la salle à petit déjeuner, j'allai directement vers Robin, ma collègue admiratrice des élémentaires.

« Robin, comme tu peux le constater, je ne suis pas en forme. Peux-tu s'il-te-plaît guider la méditation de groupe aujourd'hui ? » demandai-je en chuchotant, ce qui était le maximum que ma voix parvenait à faire.

« Bien sûr. » répondit-elle, avide de venir en aide. « Que veux-tu que je fasse ? »

« Tu n'auras pas besoin de connaître l'histoire de Glendalough car Michael va s'en charger, » coassai-je. « Mais emmène le groupe vers les ruines de la vieille église qui se trouve en bas de la vallée. Il s'agit des ruines de St. Saviour's Priory et des êtres élémentaires vous attendront là-bas. Ce serait merveilleux, si tu pouvais mener le groupe à travers une visualisation guidée pour rencontrer les élémentaires. »

« Je serais ravie de le faire, » dit Robin avec enthousiasme.

« Je sais que tu feras un travail formidable. Excuse-moi s'il-te-plaît auprès des autres pour mon absence. »

« Je le ferai. Ne t'inquiète pas, et remets toi vite. » dit-elle pour me consoler.

Prenant congé, je me dirigeai vers le buffet et me versais deux grands verres de jus de pomme pour les boire dans ma chambre. Transportant les boissons, je me traînai doucement vers la réception où nous étions passés la veille. Une jeune femme irlandaise, portant un badge sur lequel était inscrit le nom de Maureen, regarda d'un air approbateur le jus de pomme et, me pressant à prendre la parole, demanda « Oui ? »

Me penchant vers elle afin qu'elle puisse m'entendre, et couvrant ma bouche afin de ne pas la contaminer, je m'exprimai d'une voix rauque, « Comme vous pouvez l'entendre, Maureen, je ne suis pas en grande forme et je resterai à l'hôtel pour les trois prochains jours. Donc si vous pouviez me donner une autre chambre, plus claire, et loin du ventilateur bruyant, j'apprécierais beaucoup. »

« Je vais voir ce que je peux faire, » dit-elle, compatissante. « Nous n'avons rien pour l'instant mais il va peut-être se libérer une chambre dans le courant de la journée. Je vous appellerai plus tard. »

Articulant silencieusement un merci, je montai les marches vers ma minuscule chambre bruyante.

Heureusement, le leprechaun avait quitté les lieux. Je suspendis donc le signe « Ne pas déranger » sur ma porte et, sans retirer mes habits, retournai au lit.

Malgré la toux et le mal de gorge grandissant, je m'endormis et fut réveillée à midi par la sonnerie du téléphone.

« Nous avons pu vous trouver une autre chambre », dit une voix que je reconnus pour être celle de Maureen. « Vous pouvez passer prendre vos clés lorsque vous êtes prête. »

Vidant d'un trait les deux verres de jus de pomme, je me rendis péniblement à la réception, récupérai mes clés, et allai découvrir ma nouvelle chambre. La chance m'avait souri. La chambre était deux fois plus grande que mon placard précédent et il y avait une grande fenêtre donnant sur la rue, à travers laquelle je pouvais voir une forte pluie ruisseler jusqu'au sol.

« Oh, les pauvres, » pensai-je, m'imaginant combien notre groupe serait exposé aux intempéries dans la vallée sauvage du Glendalough. Leur envoyant mes pensées d'encouragement et reconnaissante d'avoir renoncé à cette excursion, je me changeai en pyjama et glissai sous mes draps.

Me pelotonnant dans mon duvet, je venais juste de fermer les yeux lorsque j'entendis une voix guillerette. « Oh, oh, voilà quelqu'un qui s'offre une vie de luxe ! » dit le leprechaun, m'arrachant à la torpeur délicieuse de l'oubli.

Ouvrant les yeux, je le vis perché confortablement au pied du lit. Je remarquai que lui au moins, semblait en meilleure forme que ce matin.

« Nous autres élémentaires avons de grandes forces de 'rééécupération', déclara-t-il, essayant un mot humain qui lui était peu familier.

« Je le constate, » croassai-je, souriant malgré moi.

« Mais qu'importe. Je suis venu t'emmener pour un tour intérieur par le lit, alors que les autres poursuivent leur tour extérieur par le bus. Tu pourrais dire qu'on va s'offrir un petit *dé*tour, » s'interrompit-il en riant, épaté par sa propre ingéniosité.

« Je dirais qu'une bonne partie de notre tour a été un *dé*tour, » répondis-je du tac au tac. « Je pense que je ferais mieux de dormir. »

« Non, tu ferais mieux pas, » insista-t-il, refusant de me laisser tranquille. « Tu peux te rendre à tous les lieux où se rendent tes compagnons en restant dans ton lit. Tu peux emprunter les lignes énergétiques que vous humains aimez à appeler vos mémoires passées, et avoir un bien meilleur temps que ces pauvres bougres sous la pluie. »

Prêtant l'oreille à ses mots, je regardai par la fenêtre et je vis qu'il continuait à pleuvoir des trombes. Je dois admettre que face au déluge extérieur, l'offre du leprechaun avait un certain charme. Fermant les yeux, je suivis sa suggestion. Le souvenir de visites antérieures à Glendalough me revint immédiatement.

La première fois que j'avais vu Glendalough c'était avec Peter et Elisabeth Gill, deux amis irlandais de longue date qui tenaient un centre de guérison à l'extérieur de Wicklow Town. C'était il y a presque vingt ans et, par un jour de mai magnifique, nous conduisions à travers les montagnes pour entrer dans la vallée magique. À une heure de route au sud de Dublin, Glendalough est situé entre deux lacs, au fin fond du Wicklow Mountains National Park. St. Kevin y

Eglise de St. Kevin

établit un monastère dans le sixième siècle, qui, à cette époque, attira des milliers d'étudiants et de professeurs, ce qui rendit ce centre célèbre durant le Haut Moyen Âge en tant que haut lieu d'étude et d'apprentissage. Le monastère ferma ses portes dans le XVIIIe siècle, 1100 ans après sa fondation.

Il y a vingt ans de cela, Glendalough, comme la plupart des sites touristiques d'aujourd'hui, était resté relativement peu connu. Peter, Elizabeth et moi-même étions seuls, alors que nous flânions à travers les ruines monastiques, contemplant l'admirable tour ronde, utilisée à quatre reprises pour repousser les Vikings, et la menue église en pierre de St. Kevin, de style classique irlandais de la même période. Des ruines de monastères antérieures s'étendent sur plusieurs kilomètres autour des lacs, mais les restes de cercle de pierres démontrent que Glendalough était déjà habité avant l'ère chrétienne.

« Va vers les elfes, » commenta mon compère, coupant court mes rêveries et perdant patience face à la lenteur avec laquelle les humains rappellent leurs souvenirs. Je m'exécutai à la hâte.

Quand mes amis partirent pour le déjeuner, je décidais d'aller explorer la région boisée. Un tapis de mousse et de jacinthes des bois couvrait le sol de la forêt, moucheté de la lumière filtrant à travers les branches des chênes. Empruntant le sentier, je sentis la présence de nombreux elfes témoins de ma promenade, mais ces derniers restèrent invisibles.

Il nous arrive souvent de sentir que quelque chose, ou quelqu'un, nous observe. Il peut s'agir d'un animal, un élémentaire, une personne, ou même, un fantôme. De l'énergie accompagne chaque pensée et action, et vous pouvez sentir cette énergie lorsque que quelqu'un porte son attention sur vous. Certaines personnes décrivent ceci par « J'ai senti mes cheveux se dresser sur ma nuque. » Il est possible que nous écartions cette sensation, car subtile, rien de visible, dans la réalité tridimensionnelle, ne permettant de confirmer cette perception. Cependant, lorsque vous reconnaissez la réalité de cette énergie subtile, d'autres dimensions s'ouvrent à vous.

Les élémentaires, comme les animaux sauvages, préfèrent voir qu'être vus, les humains – ils s'en rendirent compte à leur détriment – pouvant représenter un danger pour eux. Je ne force jamais un être à se montrer, si bien que j'attendais patiemment de voir si les élémentaires de Glendalough désiraient me contacter. Entre temps, je pensais avec encouragement que les élémentaires et les humains avaient coexisté dans cette vallée depuis plusieurs millénaires.

« Les elfes, les elfes, les elfes ! » insista Lloyd le Grand, essayant de me faire reprendre la voie qu'il cherchait à me faire prendre. Refusant d'être pressée, je continuai à remonter lentement le cours de mes souvenirs.

J'aperçu un sentier sur ma gauche, menant à travers les arbres vers une ruine, et je me décidai à le prendre. Marchant tranquillement à travers des champs de trèfles en fleurs, j'atteignis les ruines d'une charmante petite église, reposant tranquillement au milieu d'une clairière ensoleillée parsemée de fleurs sauvages. Faisant quelques pas dans ce cadre idyllique, je m'asseyais parmi les fleurs et fermai les yeux. Instantanément, je fus enlevée du temps présent, et transportée vers une époque antérieure.

Bien qu'ayant déjà fait cette expérience à de nombreuse reprises, il est difficile de décrire avec des mots ce que l'on ressent lors d'un déplacement dans le temps. En utilisant l'impulsion initiale d'une pensée - un peu comme la pensée avant la pensée – j'inverse les pôles magnétiques qui nous maintiennent dans ce monde tridimensionnel. Ceci me permet de traverser un trou noir, le tunnel dans mon troisième œil, de voyager vers d'autres locations, et de descendre ou de remonter dans le temps. Les élémentaires n'éprouvent aucune difficulté à voyager à travers l'espace et le temps, et le font comme si ça allait de soi. Le leprechaun m'a informé que cette faculté allait devenir un mode de transportation pour les humains dans le futur. Un humain évolué, ou élémentaire, peut occasionnellement catapulter quelqu'un d'autre dans un autre temps. C'est ce qui m'était arrivé à Glendalough.

« Que la déesse soit louée, elle y est presque, » grommela mon compère élémentaire dans l'arrière-plan.

Ouvrant les yeux, je fus surprise de voir plusieurs hommes et femmes elfes gracieux m'approcher. De taille humaine, mais plus élancés, avec les yeux légèrement bridés, les elfes ressemblent aux humains. Vous pouvez distinguer qu'ils ne sont pas humains, de la même manière que vous pouvez reconnaître la différence entre un chien et un loup. Les yeux d'un loup et d'un élémentaire sont sauvages et quelque chose dans leur signature énergétique témoigne de leur différence.

Dans les pays d'Europe de l'ouest, les elfes apparaissent sous des aspects variés. Les elfes des bois, par exemple, sont généralement de la taille d'un humain de petite taille, voir même plus petits, et sont habillés surtout de brun et de vert. Ils vivent presque exclusivement dans les forêts anciennes. Lors des voyages plus récents à Glendalough j'ai rencontré des elfes des bois, mais ces elfes que je voyais cette première fois était de la caste dirigeante.

Ces elfes royaux étaient d'une grande beauté et se mouvaient avec grâce. Les habits qu'ils portaient auraient été à la mode dans le monde humain, il y a quelques siècles. Les femmes elfes étaient vêtues d'une fine robe flottante tombant jusqu'au sol ; les hommes portaient des leggings avec des hautes bottes en peau de daim. Non seulement leurs habits, mais également leur manière les distinguaient des humains du vingt et unième siècle. Ils avaient un air d'autorité, ou de privilège, les concernant.

« Bienvenue chez nous, » m'accueillirent les elfes télépathiquement.

Je commençai à me lever, mais ils me signalèrent de rester sur l'herbe. Je trouvai discourtois de rester ainsi couchée sur l'herbe alors qu'ils se tenaient debout à côté de moi, et, entendant chacune de mes pensées, ils se mirent à rire. Leur rire résonnaient comme le son d'un crystal et je commençai à sombrer dans une sorte de stupeur. Alors que j'essayais de rester consciente, la femme elfe magnifique me toucha gentiment le bras, et me dit, « Ne résiste pas, ma chère amie. Nous ne te voulons aucun mal et voulons simplement fusionner notre énergie avec la tienne. »

« Pourquoi voudriez-vous faire cela ? » demandai-je, voulant connaître leur intention avant de donner mon assentiment.

« Cet échange d'énergie serait bénéfique pour nos deux races, » répondit la femme elfe. « Nous ne pouvons pas faire ceci avec beaucoup d'humains car leur énergie est trop dense, et cela nous ferait du mal. Ton énergie cependant est plus légère et compatible pour avoir séjourné dans notre dimension dans d'autres vies. Nous désirons aider les élémentaires afin qu'ils puissent rester dans le monde alors que nous disparaissons. Tu vas nous donner une transfusion d'énergie afin que nous puissions rester. »

« Cela va-t-il me causer du mal en aucune façon ? »

« Non, » répondit-elle en souriant. « Nous t'avons transporté dans un temps ultérieur, où les elfes étaient plus forts, si bien que cet échange d'énergie ne nous causera également pas de mal. »

Les elfes attendirent mon accord et surent le moment où je consentis. La gracieuse elfe retira sa main délicate aux longs doigts, et fit un pas en arrière. Au même instant, un homme elfe tout aussi magnifique s'approcha et m'adressa un sourire.

« Voulez-vous bien échanger vos énergies avec moi ? » demanda-t-il en s'inclinant légèrement, demandant ma permission.

« Euh, oui, » pensai-je pour moi-même. « Même entre différente espèces, l'échange d'énergie a lieu entre mâle et femelles. » Des images de conte de fées galopèrent dans ma tête, d'humains fréquentant les elfes pour ce qu'ils pensaient être une courte période, pour constater ensuite que des centaines d'années avaient passé en réalité.

« Ne sois pas inquiétée, » le rire cristallin de l'elfe tinta dans mon oreille à travers ma conscience, me mettant à l'aise. « Tu vas t'endormir et te réveiller dans quelques minutes seulement dans cette même clairière et dans ton temps présent. »

Sombrant vers le sommeil, j'entendis leur voix résonnant dans ma tête « Merci, chère amie. Nous nous retrouverons. »

Lorsque je me réveillai dans la clairière, je regardai ma montre et découvris que quelques minutes à peine étaient passées. Les elfes étaient partis et je reposai rafraîchie au milieu des fleurs sauvages. Peut-être que les couleurs ou les odeurs me semblaient plus intenses ; je ne saurais le dire avec certitude. La mémoire de cette expérience m'était restée, malgré le fait que je n'en avais pas parlé depuis des années. Je parle ici de ce qui s'est passé, afin d'aider les gens qui auraient vécu une expérience similaire. Notre énergie vitale – comprenant sa manifestation physique, éthérique, émotionnelle, mentale et spirituelle – est un cadeau de l'esprit. Elle se mêle spontanément avec l'énergie des autres, qu'on en soit conscient ou non. Nous pouvons choisir de donner ou de retenir de l'énergie, et il est important de décider consciemment de son utilisation.

Couchée dans mon lit, dans ma chambre d'hôtel à Dublin, je me rappelai en souriant des nombreux voyages que j'avais effectués à Glendalough, et de mes rencontres fréquentes avec les elfes sur ce même sentier jonché de trèfles, dans cette clairière.

« Te rappelles-tu de la signification du trèfle ? » dit mon ami élémentaire, apparaissant au pied de mon lit avec un bouquet de trèfle, en signe de paix pour m'avoir pressée de la sorte. Je remarquai, non sans envie, qu'il semblait à présent complètement remis de son rhume.

« Je sais certaines choses au sujet des trèfles, » pensai-je dans sa direction, me demandant si ses trèfles étaient des trèfles à quatre ou de la sorte commune à trois feuilles.

« Le trèfle à quatre feuilles est la sorte que les élémentaires reconnaissent comme leur symbole, les quatre feuilles représentant la terre, l'air, le feu et l'eau, » affirma-t-il. « Si les humains apprenaient à balancer ces quatre éléments comme nous autres, esprits de la nature le faisons, ils auraient bien plus de chance dans leur vie. Patrick ne vous a pas rendu service en s'emparant de notre trèfle. Il n'a même pas compris le sens de la chose en utilisant le trèfle à trois feuilles pour enseigner les irlandais au sujet de la trinité chrétienne. »

« Personnellement, je suis attachée à la trinité. Par contre, je suis d'accord avec toi que le trèfle à quatre feuilles est un symbole parfait pour les élémentaires. D'ailleurs, Je pourrais avoir besoin d'un peu de chance en ce moment. » m'aventurais-je d'une voix rauque, en z'yeutant les trèfles.

« Tu en as toujours avec moi, » dit-il, sautant sur ses pieds et pressant le bouquet de trèfles dans ma main. « Repose-toi, et je te retrouve demain. »

« Un instant, juste avant que tu ne partes... Tu es apparu avec des trèfles juste au moment où j'étais en train d'y penser... »

« En train de penser à eux et aux elfes de Glendalough, pour être exacte, » dit Lloyd avec un air de patience exagérée, de celui qui doit toujours tout expliquer aux humains.

« Je conçois notre rapport télépathique lorsque je me trouve éveillée, mais je suis curieuse de savoir comment tu es capable de lire mes pensées lorsque tu n'es pas avec moi, lorsque je dors ou lorsque je suis en train de voyager à travers mes mémoires passées ? » m'enquérais-je, fascinée de constater que même par télépathie, ma gorge restait douloureuse.

« Vous autres humains érigez des barrières là où il n'en existe pas. Que tu sois réveillée, endormie, en train de m'envoyer des pensées ou en train de les penser pour toi-même revient au même. Chaque pensée, émotion ou action laissent une empreinte énergétique que les élémentaires peuvent voir, entendre et sentir. Ne prétend pas ne pas pouvoir faire de même, car je peux lire tout ce que tu essaies de me cacher. » rétorqua mon ami élémentaire avec un sourire.

« Je reconnais ces signatures énergétiques sur les gens, mais ma faculté n'a rien de comparable à la vôtre. Pour être honnête, je ne suis pas sûre de comment je le fais et je pensais que tu pourrais peut-être m'éclairer sur le 'comment' de la chose, » répondis-je.

« Il est plus facile pour les élémentaires de le faire parce que nous vivons dans une fréquence plus légère – celle que les humains appellent l'éther. Parce que les pensées existent dans l'éther, nous sommes capables de les voir, les entendre et les sentir sans effort. Pour nous, c'est aussi évident que pour un humain observant les actions d'un autre. », dévisageant avec pitié l'humain dans son état affaiblit.

« Lorsque les humains ont des pensées heureuses, ils sont dans une fréquence plus légère qui développent leur habilité à lire la signature énergétique des autres, » conclua-t-il, en croisant les bras sur sa poitrine, pour me signaler, une fois de plus, qu'il avait terminé.

« Une autre question avant que tu ne partes… Travailles-tu avec les elfes de Glendalough et quel est leur relation avec le vieil elfe sérieux qui travaille avec Dr. Carl ? »

« Il s'agit de deux questions. Ne crois pas que je ne l'ai pas remarqué, » dit le leprechaun avec un petit sourire, satisfait de m'avoir attrapée sur le fait. « L'elfe qui accompagne Dr. Carl est un savant vénéré dans notre monde, et travaille depuis des siècles avec de nombreux humains, en particulier des historiens, des inventeurs et des guérisseurs. Lui, les elfes que tu as rencontrés à Glendalough et moi-même, nous faisons partie du même groupe qui travaille en coopération avec les humains. »

« Y étais-tu pour quelque chose pour cet échange d'énergie entre les elfes de Glendalough et moi-même, ou en d'autres termes, cette co-fertilisation énergétique ? »

« Eh bien, oui et non. »

Me dévisageant et voyant que je n'allais pas lâcher prise, il continua de la manière laborieuse d'un parent parlant à son enfant. « Tu étais une candidate évidente. Après tout, tu étais chez eux à Glendalough. Tu as la bonne signature énergétique, étant proche des êtres élémentaires, et ton énergie est légère, donc il est naturel qu'ils veuillent échanger leur énergie avec toi. Nous ne faisons pas des discussions interminables autour du sujet comme vous humains ; nous faisons juste la chose qui doit être faite, c'est tout. Et… c'est la dernière question à laquelle je vais répondre aujourd'hui. » dit Lloyd le Grand précipitamment avant de disparaître.

Epuisée par notre conversation, je m'endormis immédiatement et ne me réveillai pas avant l'heure du souper. Bien que toujours très malade, je décidai de me rendre au souper pour voir comment Robin et les autres s'en étaient sortis.

Caitlin me salua alors que j'entrai dans la salle à manger. Son visage était toujours rouge avec des cloques mais, sans se plaindre, elle commença à raconter leur journée. « Robin a fait un travail superbe, » s'exclama-t-elle joyeusement, « Et nous avons rencontré des élémentaires. »

Regardant autour dans la pièce, je remarquai des visages heureux et beaucoup de rire, un signe certain que l'opinion de Caitlin était partagée. A cet instant, Robin vint à ma rencontre.

« Bien qu'il n'ait pas cessé de pleuvoir, » dit-elle avec entrain dans sa voix rapide et optimiste, si typique de la lignée brownie qui était la sienne, « nous avons pu rester à l'extérieur et faire la visualisation guidée vers la rivière. »

« Super, » croassais-je, ma voix était dans le même piteux état que dans la matinée. « Merci infiniment Robin. Je peux voir que le groupe a vraiment apprécié ton travail. »

J'étais reconnaissante que tout le monde avait passé une bonne journée – enfin – mais j'étais également attristée de n'avoir pas pu être de la partie. Je m'asseyais et mangeai un bol de soupe, mais ma gorge me faisait trop mal pour parler avec quiconque. Essayant de ne pas tousser et de gâcher le souper des autres, je m'excusai et retournai dans ma chambre. Une fois sur place je me déshabillai à nouveau et retournai au lit, tout en continuant à m'apitoyer sur mon sort.

Environ une demi-heure plus tard, j'entendis quelqu'un frapper à ma porte. Je me traînai à la porte pour découvrir Dr. Carl tenant sa sacoche noire de médecin. Il m'accompagna à l'intérieur et commença à m'examiner.

« Tu es épuisée et ton niveau d'énergie est très bas, » affirma Dr. Carl, posant son diagnostic. « Tu as besoin de rester au lit et de te rétablir ; donc ne viens pas avec nous demain. »

Je fus soulagée que l'impression de Dr. Carl concordait avec la mienne. Je pensais, amusée, que l'échange énergétique avec les elfes n'avait heureusement pas eu lieu en *ce* jour, sans quoi ils auraient peut-être attrapé la grippe ! Dr. Carl me fit une injection. Reconnaissante pour le soin médical et son soutien silencieux, mon sentiment d'isolation commençait à s'estomper et je sombrai dans le sommeil alors que Dr. Carl quittait les lieux. Mes dernières pensées réveillées furent sur le fait de combien il m'était difficile de demander de l'aide et combien important cela avait été d'en recevoir. Robin, Dr. Carl et mon leprechaun étaient tous volontaires pour m'aider et avaient du plaisir à pouvoir le faire. Une grande leçon apprise à travers le fait d'être malade. En abandonnant le contrôle et en faisant confiance aux autres pour mener le groupe, j'étais en train d'apprendre davantage que si j'avais été moi-même en mesure de le faire.

Chapitre 11

Tuatha Dé Danann, Hill of Tara et Newgrange

Mon état ne s'était pas amélioré le matin suivant, si bien qu'il me fut à nouveau nécessaire de demander de l'aide. Que la déesse soit louée, nous pouvons toujours compter sur le Craic pour répéter une leçon jusqu'à ce que nous l'ayons comprise. J'appelai Ruth et lui demandai si elle pouvait passer dans ma chambre avant le départ pour Newgrange.

Ruth me fait penser à une version humaine de Raggedy-Ann – quelqu'un que vous pouvez serrer fort contre vous lorsque ce n'est vraiment pas votre jour. Ruth est une femme solide d'environ 1m70, une frange brune bouclée, toujours souriante avec des yeux plein de gentillesse. Super efficace, une compétence dont elle se servait dans la gestion du bureau de notre institut au Canada. Je savais que je pouvais compter sur elle.

Me voyant blottie sous les draps, Ruth m'adressa un grand sourire bienveillant. « Pauvre petite puce, » dit-elle, et elle commença à rire. Je la joignais dans son rire, bien que rapidement interrompue par une toux rauque.

« Ruth, il semble que je ne puisse me rendre nulle part aujourd'hui, » haletai-je entre deux quintes de toux. « Je serais très reconnaissante si tu pouvais mener la méditation à Newgrange. Il y aura un guide spécial pour le groupe avec un moment privé dans la chambre. »

« C'est une idée merveilleuse, » répondit-elle et demanda, « Y-a-t-il autre chose que tu voudrais que je fasse ? »

« Tu n'auras pas à t'inquiéter pour le Hill of Tara, car Michael se chargera de guider le tour. Il y aura également un centre d'information sur place que vous pourrez visiter. », répondis-je.

Hochant la tête pour marquer son approbation, elle quitta la pièce, me laissant avec le luxe de ne rien faire si ce n'est que de 'profiter' du Craic.

« Je l'espère bien, » dit le leprechaun, se matérialisant au pied de mon lit. Il était allongé sur le côté, les mains croisées derrière la nuque et la tête posée contre un gigantesque oreiller. Il portait le foulard rouge criard du jour précédent. A part cela, il portait sa veste verte habituelle, ses pantalons bruns coupés courts, et des chaussettes de laine épaisse reprisées par endroit dans des couleurs arc-en-ciel. Par égard, il ne portait pas ses sabots de bois sur le lit.

« Tu espères quoi ? » croassais-je.

« Que tu profites du Craic, bien sûr, » répondit-il. « C'est le seul moyen. Regarde comme des personnes compétentes comme Ruth, Robin et Dr. Carl peuvent te venir en aide ; donc tu n'as pas besoin de tout faire par toi-même. »

« Oui, » approuvais-je. « Je suis certainement bénie d'avoir autant d'amis compétents, et serviables. Je suis juste triste de ne pas pouvoir partager deux de mes sites préférés avec le groupe. »

« Mais tu n'as pas besoin de les manquer ! » s'exclama Lloyd joyeusement, sautant de mon lit vers le fauteuil. Ses jambes courtes se balançaient d'un demi pied au-dessus du sol. Me dévisageant par-dessus ses bifocales et plaçant ses mains sur son ventre rebondit, il ressemblait à un psychologue miniature.

« Je vais t'emmener faire un tour intérieur par le lit pour te faire revivre des mémoires passées à Tara et Newgrange, dans la vallée sacrée de Boyne. » dit le thérapeute leprechaun, baissant et ralentissant sa voix dans ce qu'il pensait être un discours 'méditatif'.

« J'en serais ravie, » affirmai-je, appréciant la pensée d'être prise en charge.

« Ferme…les…yeux, » ordonna-t-il, exagérant son ton hypnotique.

« Suis…juste…mes…directives… »

Je me laissai aller vers mes souvenirs. La fertile vallée de Boyne, une des régions les plus sacrées d'Irlande, a été peuplée depuis plus de 5000 ans. Un fort circulaire de l'Âge du Bronze existait sur le sommet du Hill of Tara 2500 ans AEC. Cette location était la capitale des Tuatha Dé Danann, signifiant *'peuple de la déesse Danu'*, considéré comme les mythiques dirigeants du monde des fées.

« Commençant sans moi, je constate ! » s'exclama Lloyd, coupant court à mes pensées et me ramenant dans la chambre. Mon propre tour intérieur allait devoir attendre. Pourquoi me montrer surprise ?

« C'est sans conteste une bonne chose que tu sois une experte en matière d'histoire humaine, mais je tiens à dire quelque chose au sujet de l'histoire des élémentaires, étant donné que nos deux histoires se joignent sur le Hill of Tara. », ajouta-t-il, croisant ses bras sur sa poitrine, ne tolérant aucun désaccord de l'"humain".

« Je suis heureuse de m'incliner devant ton expertise, étant donné que j'aime apprendre de mes aînés, » dis-je avec un sourire, admettant ainsi sa séniorité de centenaire.

« Toi et d'autres 'humains' prétendent que les Tuatha Dé Danann sont les ancêtres du peuple des fées d'Irlande, ce qui n'est pas tout à fait correct, » le professeur commença ses explications. « Ils sont nos ancêtres lointains du temps où la Terre était encore nébuleuse, la période historique que les humains appellent lémurienne. A cette époque, le voile entre le monde des humains et des élémentaires était très fin, permettant aux humains et aux Tuatha Dé Danan de se rendre dans les deux mondes respectifs. Cette communication ne prit pas fin avec la Lémurie et, à tout endroit où les conditions étaient favorables – comme jusqu'à récemment dans l'Irlande de l'ouest – les deux races avaient la possibilité de visiter le monde de l'autre. »

« Quelle est la relation entre les Tuatha Dé Danann et les élémentaires ? » demandai-je d'une voix rauque, voulant comprendre son point de vue plus précisément.

« J'allais y venir, » répondit-il, me scrutant par-dessus ses bifocales. « Les élémentaires, tout comme les humains, comprennent de nombreuses races, comme les elfes, les leprechauns, les gnomes, et…cet…era. La race ayant le lien de parenté le plus proche avec les Tuatha Dé Danann sont nos elfes royaux. Ces derniers héritèrent des Tuatha Dé Danann la beauté, la grâce, et même de nombreux soi-disant 'pouvoirs magiques', sans mentionner le fait qu'ils se considèrent comme les dirigeants de tous les élémentaires. » Lloyd le Grand pointa son nez en l'air avec un snobisme moqueur.

« Bien que ces nobles ne soient ni aussi intelligents, ni aussi riches que certains de notre race, » renchérit-il, pouffant de rire, étant bien connu que les elfes avaient souvent besoin d'emprunter de l'argent aux malins leprechauns. Il reprit ensuite, « Lorsque la race des Tuatha Dé Danann commença à s'éteindre, ils se croisèrent avec des êtres élémentaires primitifs, moins développés, afin que leur culture soit préservée. La race actuelle des élémentaires – des hybrides, pour reprendre vos termes – en fut le résultat. »

« Ceci est similaire à ce qui s'est passé avec les ancêtres lémuriens et atlantes des humains, » l'interrompis-je. « Lorsque les lémuriens et les atlantes commencèrent à disparaître, ils se reproduisirent avec des humains primitifs afin d'élever la conscience de la race humaine. Ces enfants hybrides furent appelés fils et fille des dieux. Les héros irlandais, Cuchulain et Fionn MacCumhaill (prononcé Finn MacCool), étaient des hybrides de ces dieux atlantes. »

« C'est ça. Mais revenons au sujet des élémentaires, » répondit le leprechaun, me coupant la parole et impatient de poursuivre *son* histoire. « La reine Maeve est une descendante de la lignée des Tuatha Dé Danann ; c'est la raison pour laquelle elle était connue comme étant la reine des fées. Sa terre natale était à Tara. Lorsque les Tuatha Dé Danann étaient sur le point de disparaître, ils remirent leur site de pouvoir aux fils des dieux, les atlantes, qui étaient vos rois mythiques de Tara. »

Notre conversation fut interrompue brusquement lorsqu'il sortit une montre à gousset gigantesque hors de sa veste, la regarda d'un air ahuri pour s'exclamer, « Que le Craic soit loué, je suis en retard ! Il est temps que je retourne vers les autres, qui sont prêts à traverser Newgrange. Tu es la chanceuse qui peut visiter Newgrange tout en restant bien au chaud dans son lit. »

Après le départ précipité de mon ami, je méditais sur sa remarque. Depuis que je le connaissais, mon expérience du temps et de l'espace avait radicalement changé. Il ne semblait plus nécessaire de se rendre nulle part physiquement, étant donné que je pouvais revivre des tours et des pèlerinages précédents par la pure réflexion.

Avec ces pensées dans mon esprit, je commençai à me remémorer ma dernière visite à Newgrange. En fermant les yeux, je vis immédiatement l'immense tumulus entouré de crystal de roche, tel qu'il avait été construit il y a 5000 ans. Newgrange est associé avec les Tuatha Dé Danann, et il est dit qu'il a été construit par leur Dieu Dagda et sa femme Boann, qui a donné son nom à la rivière Boyne. La tradition veut que leur fils Oengus, dieu de l'amour, aurait vécu à Newgrange.

Une des joies d'emmener un groupe à Newgrange consiste dans la méditation privée qu'il nous est possible d'effectuer dans la profondeur et le silence obscur de la chambre centrale. Une expérience comparable reviendrait à méditer dans la chambre du roi au sein de la pyramide de Gizeh en Egypte. Les deux sites sont des passages vers d'autres dimensions, d'autres temps, d'autres vies, et vous pouvez sentir de manière tangible la présence de l'Autre monde. J'ai toujours été reconnaissante du fait de pouvoir diriger des séances de méditation sur des site sacrés, ceci étant bénéfique à la fois pour les individus y participant ainsi que pour la Terre. Je me rappelai à nouveau de ma bonne fortune durant ma dernière visite à Newgrange.

Durant ce tour, nous avons rencontré pour la première fois, à Newgrange, notre guide Meredith, une archéologue et une récitante des poésies de Yeat. De taille moyenne et élancée, avec des cheveux bruns gris, elle avait ce regard d'une personne profondément inspirée par le poète mystique irlandais, Yeats – qui, non par coïncidence, je pense – a répertorié les histoires des fées, il y a 100 ans.

Lorsque je mentionnai à Meredith que j'avais fait la requête d'une méditation privée, elle me dit d'une voix dubitative, « Je ne pense pas qu'on vous délivrera une autorisation. Même moi en tant que guide irlandaise, je ne reçois pas de temps privé pour mes groupes. »

« Nous avons déjà obtenu la permission, » affirmai-je, en sortant le document le confirmant.

« Incroyable. Peut-être que c'est parce que vous êtes de l'étranger. », marmonna Meredith, visiblement mécontente du fait que des étrangers recevaient quelque chose dont les locaux se trouvaient privés. A sa place, j'aurais probablement réagi de même.

« Ce n'est pas juste à Newgrange, » expliquai-je, pour tenter de calmer les eaux. « Dans la plupart de nos tours et pèlerinages, nous recevons la permission pour des méditations privées. Je crois que c'est la Terre elle-même qui est favorable à la chose, étant donné que notre intention principale est d'ouvrir les points énergétiques de la Terre pour la guérir. »

« Voilà qui est fascinant, » répondit-elle avec chaleur. « Je pense que je n'ai encore jamais rencontré un groupe comme le vôtre auparavant. Je suis heureuse de vous servir de guide durant les prochains jours. »

Newgrange

A cet instant, un membre du personnel de Newgrange nous fit signe de nous diriger vers l'entrée et nous nous mîmes rapidement en queue. Nous passâmes à côté des spirales honorant la déesse de la Terre gravées sur les grandes pierres gardant l'entrée. Penchés en avant afin de ne pas cogner notre tête, nous marchâmes courbés dans le long passage étroit bordé de nombreuses autres pierres gravées de motifs de spirales en relief. Derrière nous, nous entendîmes un membre du groupe voulant faire demi-tour pour ressortir. Ce n'est pas tout le monde qui peut supporter le sentiment claustrophobe du tunnel menant à la chambre intérieure.

Le long couloir se terminait sur trois chambres connectées à la chambre centrale. Un bassin de pierre creux, servant pour des rituels d'offrande, était posé dans chacune des trois alcôves. Aucun ossement humain datant de l'époque de construction n'a été retrouvé, confirmant le fait que Newgrange n'était pas un lieu funéraire, contrairement à la croyance de certains. Mais dans ce cas, à quoi pouvait bien servir Newgrange ?

Je suis d'avis que ce lieu était une chambre d'initiation pour faire passer les gens d'une mort spirituelle vers une renaissance. A l'aube du 21 décembre, jour du solstice d'hiver, c'est le moment le plus puissant à Newgrange. Durant cette journée, un rayon du soleil levant pénètre l'édifice par une cavité au-dessus de l'entrée et traverse le couloir de 19 mètre pour illuminer la chambre centrale durant environ quinze minutes. Le fait que cet événement ait toujours lieu 5000 ans après la construction du site témoigne du savoir astronomique remarquable des constructeurs de Newgrange.

Levant les yeux depuis la chambre centrale, je regardai la voûte en encorbellement, inchangé depuis sa construction, s'élevant à plus de 6 mètres au-dessus du sol. Cette voûte me rappelait le chapeau conique porté par les moines tibétains pour attirer les énergies spirituelles, suggérant la même raison à Newgrange, de même que pour le chapeau porté par Lloyd lors de notre rituel à St. Brigid's Well.

Lorsque tout le monde fut réuni dans la chambre centrale, nous méditâmes dans l'obscurité complète afin d'honorer Newgrange et les gens qui avaient construits le site, dont la présence était toujours perceptible. Ces gardiens sont ce qui reste des mémoires éthériques des puissants dirigeants spirituels ayant construit Newgrange, suivi plus tard par les Rois de Tara. Ces mémoires éthériques persistent dans les lieux sacrés afin de les protéger, et il est important d'honorer à la fois le site et leurs gardiens. Les sites sacrés ne sont pas juste des attractions pour touristes. Ces lieux ont des énergies puissantes qui peuvent être utilisées pour le bien, ou pour le mal, selon l'individu les visitant et selon la mémoire éthérique du site.

Ce jour-là, à Newgrange, Meredith et moi revinrent rapidement sur nos pas après la méditation.

« C'était une expérience remarquable, » dit Meredith, satisfaite d'avoir pris part à l'exercice.

Nous passâmes les jours suivants à visiter avec elle les monuments mégalithiques moins connus de Sligo. A la fin de notre temps ensemble, nous étions en train d'avoir notre dernier déjeuner lorsque Meredith s'approcha de moi.

« J'aimerais vous joindre pour le reste de votre tour. Serait-il possible de le faire, si je paie mon logement et la nourriture ? »

« Bien sûr, vous êtes la bienvenue, » dis-je en riant, en réponse à sa question, me rappelant que de nombreux guides nous avaient joints pour la totalité du tour pour le pur plaisir de prendre part à la plus magique des expériences.

« Mais vous n'avez pas d'habits de rechange, » mentionnai-je.

« Pas de soucis. Je vais laver mes sous-vêtements le soir et Colleen (un membre de notre groupe) m'a dit qu'elle me prêterait un de ses pulls. J'ai juste besoin d'appeler mon mari pour l'informer que je serai en route avec vous pour les prochains trois jours. »

Sur ces mots, elle marcha vers une cabine téléphonique et passa un coup de fil. Quinze minutes plus tard, nous réembarquions notre bus avec notre toute dernière membre du tour, Meredith.

Souriant à ces souvenirs, j'ouvrai les yeux et constatai avec soulagement que j'étais seule dans ma chambre d'hôtel. Quel luxe que d'avoir le temps de réfléchir sur ce que j'étais en train d'apprendre durant notre pèlerinage. En conduisant des méditations ou des rituels, et en demandant d'être transformés sur des sites sacrés tel que Newgrange ou Hill of Tara, nous invitons la conscience universelle, le Saint-Esprit, le Craic, à faire tout ce qu'ils veulent pour nous transformer. Bien que parfois désagréable, comme moi-même et d'autres en avaient fait l'expérience, il est nécessaire que notre coquille soit brisée, comme une graine, afin de pouvoir devenir celui ou celle que nous sommes vraiment.

La vie peut être soit un tour par l'extérieur, à la manière détachée des touristes visitant les sites, ou un tour par l'intérieur, permettant aux événements, aux gens et aux lieux de nous faire grandir. Alors que Meredith, avec son amour pour l'esprit, avait choisi le tour par l'intérieur, Michael, Paddy et Brian, ne prêtant crédit qu'à ce qu'ils pouvaient voir dans le monde matériel, prenaient le tour par l'extérieur en ce moment de leur vie. Mais ceci pouvait changer pour eux ou pour quiconque, dans un autre temps ou un autre lieu, car la chose requise est un changement dans l'intention et dans la perspective. Peut-être qu'une graine quant à l'éventualité des êtres élémentaires, et du sens plus profond des sites sacrés avait été semée en eux durant ce tour. Une graine qui verrait le jour, au moment opportun. J'ai été témoin de ce fait chez moi ainsi que chez les autres trop de fois pour douter du plan divin.

« Ma foi, c'est comme c'est, » pensai-je, acceptant ce que je ne pouvais changer. Regardant la montre, je remarquai que c'était l'après-midi. J'appelai donc la réception pour voir si mes affaires de toilettes et mes habits étaient arrivés. Après tout, mes affaires étaient sensées arriver en un, et non pas trois jours.

« Vos affaires sont à l'aéroport de Dublin, et devraient arriver à l'hôtel ce soir » répondit le réceptionniste.

Peut-être à cause de la bonne nouvelle, ou peut-être parce que je commençais à me sentir mieux, le téléphone à côté de mon lit sonna en cet instant.

« Nous avons un problème, » dit Ruth, après que j'aie décroché le combiné. « Brian a dit au groupe que le dîner à Dublin n'était pas inclus dans les frais et les gens sont fâchés car la brochure prétend le contraire. »

« Oui, ils ont payé, » dis-je d'une voix rauque. « Je vais appeler James. »

Avec une prise d'humour irlandais renouvelée, je raccrochai. Mes deux jours de repos semblaient être terminés et le Craic nous réclamait à nouveau. J'appelai James le Lep pour découvrir qu'il était en train de clarifier la situation.

« J'ai appelé Margaret, notre agente de voyage au Canada, et en effet, vous avez déjà payé pour le diner, dit-elle. Puis, elle rajouta « Je suis désolée pour ces désagréments. »

Je fis part des excuses de James à notre groupe lors du souper. Néanmoins, notre crédibilité avait souffert d'un nouveau revers, et en observant mes collègues pèlerins dans la pièce, je remarquai qu'ils s'étaient divisés en trois camps. Un camp s'était converti au Craic et prenait chaque nouvelle expérience avec amusement. Ce groupe prenait à la fois le tour par l'intérieur et le tour par l'extérieur. Le deuxième groupe n'était pas amusé du tout et, de pair avec Michael et Paddy, cherchait une personne à blâmer, hésitant tour à tour entre Gallows Tours et moi. Le troisième groupe pourrait être qualifié de « confus ». Bien que réagissant négativement à chaque nouvelle expérience désagréable du Craic, avec le temps, ils recouvraient leur équilibre et leur bonne humeur.

Différentes parties de ma personne pouvaient s'identifier avec ces trois groupes. Mais devant de nouvelles difficultés, je parvenais maintenant et la plupart du temps à rester dans ce que j'appelle le « neutre-positif ». Etre 'neutre' revient à accepter ce qui est, et 'positif' revient à faire confiance à l'esprit que l'aboutissement ultime est favorable à notre transformation intérieure.

Le fait de tomber malade m'avait permise d'adopter le point de vue neutre-positif, n'ayant plus assez d'énergie pour tenter de changer 'ce qui est'. Je réalisai que nos plus grandes difficultés dans la vie, que ce soit une maladie, la perte d'un travail, d'un être cher ou de n'importe quelle chose à laquelle nous nous accrochons, nous offre les plus grandes opportunités pour une profonde transformation. Lorsque notre carapace est fendue, comme c'était le cas pour plusieurs d'entre nous, de ce qui, vu de l'extérieur, semble être un tour de l'horreur, peut jaillir la lumière de l'esprit.

Dans une contemplation profonde, et toujours incapable de parler avec mes congénères, je m'excusai du dîner et me retirai pour la nuit. J'avais besoin de sommeil pour récupérer le plus possible, car le lendemain était le dernier jour du pèlerinage.

Chapitre 12

Druides, Uisneagh et Anam Cara

Le lendemain matin, mes affaires de toilettes et mes habits n'étaient toujours pas arrivés. Surprise, surprise ! J'appelai donc James pour m'enquérir de la situation.

« J'ai des mauvaises nouvelles, » répondit-il. « Le paquet ayant été envoyé depuis l'Irlande du Nord et n'ayant pas pu être identifié à l'aéroport de Dublin, vos affaires ont été renvoyées à l'hôtel de Belleek. Dans le Sud, ils craignent toujours l'éventualité d'une bombe lorsque quelque chose est envoyé de l'Irlande du nord. »

« Bénie soit Marie ! », pensai-je. « Même mes affaires de toilettes ont été prises par le Craic. »

« Je pourrais faire parvenir vos affaires dans l'hôtel de votre tour suivant, » proposa James le Lep.

Vous pouvez vous imaginer à combien j'estimais mes chances de ne jamais revoir mes affaires de toilette. Quel choix avais-je cependant si ce n'est d'accepter 'ce qui est', une fois de plus ?

« Très bien. Merci de me les envoyer. », dis-je à James, amusée de voir combien mes attentes précédentes avaient fondues comme neige au soleil. Je découvrais que plus j'acceptais James juste comme il était, plus mon cœur s'ouvrait à son égard. Plutôt que de le voir comme un problème, je commençai à le considérer comme un précieux allié m'enseignant des leçons importantes en matière d'amour inconditionnel et d'acceptation.

Raccrochant le téléphone, je passai en revue notre dernière journée.

James venait de me rappeler que j'avais un tour commençant le lendemain et je ne pouvais qu'espérer que les élémentaires allaient lâcher du lest pour cause de bonne conduite. J'avais fait appel à une autre compagnie spécialisée dans le trekking, et la moitié des dix-huit participants consistait en nos pèlerins, déjà secoué par le premier tour. Je devais me rendre à l'évidence : je n'étais plus dans la meilleure forme physique et émotionnelle de ma vie. Me forçant à revenir dans le moment présent, je ramassai les clés de ma chambre et descendis prendre le petit déjeuner.

Il est d'usage de donner un pourboire au guide et au conducteur du bus lors du dernier jour, donc je commençai ma ronde pour collecter en faveur de Michael et de Paddy. Ayant réservé un autre guide spécialisé sur la ville de Dublin, il était prévu que Michael nous quitte après le petit déjeuner. Alors que nos voyageurs fatigués filaient vers le bus pour le tour de la ville, je m'approchai de Michael qui se tenait à côté de l'entrée de l'hôtel, occupé à faire ses adieux au groupe.

« Merci de nous avoir accompagné. Je sais que ce n'était pas facile, je vous en suis donc d'autant plus reconnaissante, » dis-je, en acceptant sa main tendue dans ma direction.

« Eh bien, il n'y a pas de quoi, » répondit Michael de la manière la plus positive que possible, après tout ce qu'il avait dû traverser psychologiquement durant ce voyage.

« Voici quelque chose en signe de notre appréciation, » dis-je, en lui tendant notre carte et une enveloppe contenant nos contributions.

Sachant que l'argent collecté à lui seul n'allait jamais être en mesure de compenser le stress qu'il avait dû endurer, j'avais arrondi la somme d'un montant supplémentaire. J'avais reçu pour ma part un cadeau merveilleux à travers mon voyage dans le Craic et j'étais attristée du fait que Paddy, Michael et Brian n'avaient pas profité des mêmes leçons. Bien que je puisse me tromper, je ne pense pas qu'ils n'aient jamais quitté la surface houleuse du tour pour aller découvrir les perles de sagesse reposant dans le fond de la mer. Chacun d'entre eux m'avait donné des signes plus ou moins subtils, qu'ils n'avaient aucune intention de plonger vers les profondeurs.

Si notre tour avait servi d'inspiration pour un film d'Hollywood, le scénariste aurait prévu que Paddy et Michael commencent à croire dans les leprechauns et nous serions devenus les meilleurs amis du monde. Cependant, la vie réelle ne prévoit pas toujours une fin heureuse, couronnée d'arc-en-ciel. Dans la vie réelle, l'histoire continue après que les lumières du théâtre se soient éteintes, et je ne pouvais qu'espérer qu'une transformation profonde était en train de s'opérer dans Paddy, Michael et Brian, dont ils allaient pouvoir récolter les fruits dans un temps ultérieur. À première vue, la seule chose où nous avons réussis à nous entendre tous les quatre, fût d'être parvenus à maintenir le tour 'un tant soit peu' sur pied, à force de bonne volonté et de flexibilité. Pour cela, je ressentais une profonde reconnaissance.

Après notre tour de Dublin, nos gens se dispersèrent pour faire du shopping de dernière minute. N'étant pas encore entièrement rétablie, je retournai à l'hôtel faire une petite sieste avant notre dernier meeting à 17h. Je venais juste d'entrer dans le lit lorsqu'apparut le leprechaun.

« Je dois encore connecter des bouts trop lâches. J'y suis presque, » marmonna-t-il, alors qu'il rassemblait ses affaires à travers la pièce.

« De quoi parles-tu ? » demandai-je, en tirant ma couverture au-dessus de ma gorge.

« Nous n'avons toujours pas parlé des Druides et d'Uisneagh, » répondit-il, en plaçant son petit corps trapu dans le fauteuil.

« Dans ce cas, nous ferions bien de nous y mettre » dis-je, acceptant l'inévitable, et réalisant que ma sieste n'allait pas avoir lieu de sitôt.

« Pourquoi les Druides sont-ils importants pour les êtres élémentaires ? » demandai-je à mon ami, voulant comprendre pourquoi nous devions parler à leur sujet.

« Les Tuatha Dé Danann, et plus tard, les élémentaires, étaient les *maîtres* des Druides, » dit mon élémentaire avec entrain, toujours avide de souligner l'importance des élémentaires pour les humains. « Ce ne serait pas mentir que de dire que, grâce à nous, les Druides et leurs prédécesseurs vivaient en harmonie avec la nature durant des millénaires. »

« Voici ce que je sais à leur sujet, » l'interrompis-je, engageant mon compère dans son passe-temps favori – jouer le jeu de 'qui en sait le plus' avec 'l'humain'. « Le terme 'druide' signifie '*Celui qui détient le savoir avec sagesse*', et il y avait trois niveaux dans leur système. Le premier niveau consistait à être un *Filidh*, qui connaissait la loi, la médecine et l'astronomie. Les bardes, ou deuxième niveau, étaient des chanteurs et des poètes capables de réciter vingt mille vers de poésie orale. Savais-tu que leur mémoire était considérée comme étant vingt fois supérieure à celle des humains d'aujourd'hui ? »

« Les humains auraient une meilleure mémoire, s'ils se donnaient la peine de l'utiliser plutôt que de toujours tout faire avec leur ordinateur, » coupa Lloyd, s'en prenant à l'une de ses bêtes noires favorites, la technologie. « Nous autres élémentaires n'avions pas grand-chose à faire avec les *Filidth*, excepté dans l'enseignement des plantes médicinales. Mais nous étions certainement occupés avec ces bardes – la poésie, la narration et la musique faisant partie de nos expertises. »

« Les élémentaires avaient-ils beaucoup à faire avec le troisième niveau – ceux que l'on appelait les druides ? » demandai-je. « D'après ce que j'ai appris, ils étudiaient le monde naturel et spirituel durant vingt ans afin de devenir les gardiens spirituels de leur peuple. De toute évidence, ils se marièrent rarement et vivaient dans l'abstinence dans une communauté, une grotte isolée, ou dans les bois. Bien que nombre d'entre eux maîtrisaient l'Ogham, le grec, et plus tard, le latin, ils gardaient leur coutume druidique secrète et ne transcrivirent rien par écrit. »

« Tout ce que tu dis à leur sujet est correct. Les élémentaires enseignèrent aux druides les lois naturelles, et les druides nous enseignèrent les lois spirituelles. Il y avait donc un bon échange réciproque. Savais-tu que les druides avaient une mère vierge et qu'ils croyaient à la réincarnation ? » demanda mon ami, avide de démontrer sa connaissance de l'histoire humaine.

« Oui, je le savais, » répondis-je.

« Je vais te dire quelque chose que tu ignores, » dit-il, en souriant avec malice. « Leur centre principal à Uisneagh Hill est le cœur même de l'Irlande. »

« Cela fait du sens énergétiquement, car le point de rencontre des cinq anciens royaumes d'Irlande était à Uisneagh, » répliquai-je, incertaine pourquoi il voulait parler de Uisneagh, étant donné que nos pèlerins n'avaient pas visité ce site. Le site se trouve sur un terrain privé, et il est trop difficile et dangereux d'y emmener un groupe en raison des champs occupés par les moutons et le bétail, et des nombreuses barrières barbelées à traverser. Pour cette raison, Uisneagh reste virtuellement inconnu.

« Tu ne me laisses pas en gagner une, n'est-ce pas ? » dit mon compère leprechaun avec un rire. « Je m'occupais juste de ton échauffement afin que tu racontes ta première visite à Uisneagh. »

« Il en est hors de question. C'est bien trop personnel. », répondis-je, embarrassée par la manière dont mon ami m'avait sournoisement acculée dans un coin. Comment savait-il au sujet de mon expérience ? Je ne lui en avais certainement pas parlé !

« Tu n'as pas besoin d'en parler car c'est inscrit partout sur ton motif énergétique, si bien qu'un bébé élémentaire pourrait le lire. Tu es bien trop secrète – bien trop de vies en tant que druide. Tu as gardé ton savoir en sécurité, mais ce secret doit se terminer car cela bloque l'énergie dans ta gorge. Pas étonnant que tu ne puisses pas parler. La seule cure durable consiste à raconter tes histoires personnelles à propos des blessures de ton cœur. Donc vas-y, raconte ce que tu as fait à Uisneagh. »

« Minute, qui ici joue la poêle qui se moque du chaudron ?» rétorquai-je, défendant mon intimité. « Les leprechauns aussi sont réputés pour garder leurs secrets. »

« Je ne dirais pas que je suis exempt du même problème, » affirma-t-il en levant les bras d'un geste conciliant. « En fait, tous les irlandais gardent farouchement leurs secrets ». Ceci dit, nous autres élémentaires prenons un grand risque en nous exposant à travers tes livres afin d'atteindre davantage d'humains. De même, tu dois prendre un certain risque en t'exposant toi-même, ou tu ne seras jamais en mesure de canaliser autant d'énergie que tu en es capable. Notre entier pèlerinage en Irlande avait pour but de projeter de la lumière sur les parties sombres de tes pèlerins afin qu'ils puissent s'en libérer. Comme tu peux le constater, nous sommes ici dans le mille te concernant. Donc, au trot avec ton histoire ! »

« Très bien, » commençai-je timidement, réalisant la justesse de ses mots. « Le grand festival de Beltane, ayant lieu du premier au quinze mai, avait lieu au grand dolmen d'Uisneagh. Uisneagh, était très connu dans les temps anciens, et des marchands venaient même de la méditerranée apporter de la soie et des épices à ce festival.

Ail na Mearainn à Uisneagh

« Le dolmen, appelé *Ail na Mearainn* en irlandais, est situé pile sur ces lignes énergétiques dont nous faisions allusion tout à l'heure. » dit le leprechaun, pour m'encourager. « Si tu pouvais juste raconter ce que tu as fait là-bas... »

« J'étais avec un homme que j'aimais profondément. Je le considérais non seulement comme mon seul amant, mais également comme mon âme sœur, mon *Anam Cara* (littéralement *ami de l'âme* en irlandais). Nous avons fait l'amour sur le sommet du rocher, ce qui, après tout, est la manière traditionnelle de fêter Beltane. Ce fut un coup très rude pour mon cœur lorsqu'il me quitta, refusant d'honorer notre relation plus profonde d'Anam Cara. »

« C'est une chose terrible que de perdre son Anam Cara, » dit mon ami, me surprenant par sa sympathie. « Cela m'est arrivé également. Un Anam Cara n'est pas forcément une relation sexuelle, comme cela a été dans ton cas. Mon Anam Cara était un elfe. Nous étions parmi les premiers élémentaires à travailler dans un partenariat humain-élémentaire pour aider à guérir la Terre.

Ensemble, nous avons pu faire tant de choses au début, mais il ne fut pas capable de maintenir le cap. Il est parti, trop nostalgique de sa magnifique vie d'elfe avec ses semblables. Les leprechauns, comme tu le sais, préfèrent rester entre eux. Ce fut donc un grand choc pour moi lorsqu'il m'abandonna, moi et notre tâche, après l'avoir laissé entrer dans mon sanctuaire intérieur. Il est dur de faire confiance après avoir été trahi, mais c'est ce que je fais avec toi, même s'il est encore plus difficile de faire confiance aux humains qu'aux elfes, qui sont des élémentaires, après tout. »

Avec ces mots, je réalisais que lui aussi était mon Anam Cara, un ami de mon âme. Un Anam Cara peut être un homme ou une femme, ou même un être d'une autre race comme mon ami élémentaire. C'est une personne qui est destinée à entrer dans votre vie, même si vous en ignorez parfois la raison au moment où cela se produit. Un Anam Cara vous aide à franchir le seuil vers un plus grand réveil et vers l'amour inconditionnel, alors que vous en faites de même pour lui ou pour elle.

Parfois nous avons la chance d'avoir plus d'un Anam Cara dans une vie. Ces relations de l'âme transcendent le temps et l'espace. Même si la personne vous quitte ou meurt, ou même si vous ne passez qu'un court instant ensemble avec lui ou elle, votre Anam Cara va toujours garder une place spéciale dans votre cœur. Peut-être s'agit-il d'une personne que vous reconnaissez d'une autre vie, ou un compagnon sur le chemin spirituel. J'ai la chance d'avoir quelques Adam Cara dans ma vie, cependant, la perte d'un être aimé avec lequel vous avez partagé votre cœur est particulièrement douloureuse.

« Ceci, ma chère, » dit le sage leprechaun, qui avait suivi toutes mes pensées et mes réserves, « est la raison pour laquelle tu devais raconter ton histoire aujourd'hui. C'est une question d'énergie. Si tu n'investis pas ton énergie dans ton histoire, comment pourrais-tu être guérie dans la même mesure où tu as été blessée ? Ce qui est accompli à des sites sacrés – les rituels en tous genres et, en particulier, ceux utilisant l'énergie sexuelle – créent un impact incroyablement puissant sur ton corps éthérique, ou ton élémentaire corporel, qui garde toutes tes mémoires dans tes cellules. C'est pourquoi cela a pris si longtemps pour guérir. »

« Je comprends cela, » répondis-je, vulnérable. « C'est juste que j'aurais bien plus préféré gérer cela de manière privée, ou d'en parler seulement avec une autre âme sœur. »

« Bien sûr que tu aurais préféré cela, » dit le leprechaun, éclatant de rire devant ma gêne. « Mais, ceci n'est pas juste ton histoire. C'est l'histoire de toutes les personnes ayant été blessées par la perte de leur Anam Cara ou de ceux en quête de leur âme sœur. Ton histoire est une histoire de guérison pour les autres ainsi que pour toi-même. La dernière de nos leçons durant ce pèlerinage consiste à garder le cœur ouvert et d'aimer inconditionnellement, quoiqu'il arrive. L'amour est quelque chose que les élémentaires apprennent des humains. Tu m'en as offert et je t'en offre maintenant en retour. »

Je savais que Lloyd avait raison et que l'amour inconditionnel était requis, une fois de plus. L'abysse sans fond du Craic atteignait à présent les parts les plus intimes de mon être. Parler de cette expérience m'avait emmenée à travers des souvenirs d'amour et de désespoir, pour terminer sur des sentiments de gratitude et d'amusement face à mon propre mélodrame.

« Ne sois pas si dure avec toi-même, » dit mon ami avec gentillesse, « Tu as continué à aimer et à faire confiance aux élémentaires malgré le fait que nous t'avons rendu la chose difficile, et la plupart des 'huuumains' ont réussi à faire de même. Tout ne s'est pas passé sur une voie à sens unique, vois-tu ? Certains de nos élémentaires, qui n'étaient pas certains s'ils pouvaient faire confiance aux humains, ont maintenant un profond respect et une grande appréciation à votre égard, pour vous avoir vu aller au travers des peines du Craic, et vous voir vous redresser à nouveau. Nous sommes à la recherche de partenaires humains qui souhaitent s'engager avec nous, êtres élémentaires, et nous les avons trouvés, ce qui nous donne l'espoir qu'ensemble, nous pouvons guérir la Terre. De nombreuses relations Anam Cara ont vu le jour durant notre pèlerinage. »

Mon cœur fut touché à ses mots, mais avant que je puisse devenir nostalgique, mon compère, toujours rapide dans ses changements d'humeur, frotta ses mains pour marquer le travail bien fait, et enchaîna joyeusement, « Voilà qui suffit pour l'instant. Il est temps que tu te prépares pour ta dernière réunion et – il y a peut-être un petit problème. »

M'extirpant hors du lit, je mettais quelques habits à la hâte, et couru vers le hall. Notre rencontre allait commencer dans dix minutes, et je découvris que la salle n'avait pas été préparée comme je l'avais demandé. Au lieu du cercle de chaises dans une pièce bien rangée, je fus ahurie de découvrir une collection de tables de conférences recouvertes de vaisselles sales.

« J't'e l'avais bien dit, » clama mon co-leader leprechaun, s'asseyant dans la chaise la plus proche, signalant clairement qu'il n'avait aucune intention de m'aider.

« Comment arrives-tu à cette conclusion ? » dit-il, avec une moquerie exaspérée à mes pensées. « J'ai prévu des élémentaires pour la réunion finale et juste à cet instant, il y a deux de tes collègues qui sont en route pour te venir en aide. Je suggère que tu demandes à la réception que quelqu'un vienne nettoyer tout ça, » commanda-t-il, agitant sa main pour indiquer le désordre.

A cet instant, Ruth et Ralph firent leur apparition. Voyant la situation, et sans que je ne demande quoi que ce soit, mes sauveurs déplacèrent les tables sur le côté de la pièce, et commencèrent à arranger les chaises en forme de cercle. Je repérai un téléphone et demandai à la réception d'envoyer quelqu'un pour ramasser la vaisselle sale. Un jeune homme apparu rapidement et, peu avant l'arrivée de la majorité du groupe, la salle était prête pour tout le monde. Oh, tant de choses se passent derrière les coulisses !

Les humains prirent place dans le cercle, et les élémentaires qui les avaient accompagnés durant notre pèlerinage se tenaient derrière eux, vêtus de leurs plus beaux atours. Je ne pouvais m'empêcher de constater que même les élémentaires semblaient un peu fatigués.

« Je dirais même plus, » dit mon confrère directeur de tour, « ce n'était pas une chose aisée que de mener à la ronde autant d'humains durant onze jours. Mais je crois quand même que nous avons fait un bon progrès pour vous aider, vous les humains, avec le Craic. »

« Admettons que tu as fait un super travail pour les emmener dans le Craic, » répondis-je. « Il reste encore à voir, cependant, si certains d'entre eux vont en ressortir. »

« Tu as peut-être raison sur ce point, » reconnu le leprechaun, scrutant à travers la pièce, et remarquant quelques visages aigris. Certains pèlerins avaient l'air résigné, alors que d'autres semblaient réellement d'humeur joyeuse.

« Tu vois, ceux-là ont compris, » commenta mon compagnon, hochant de la tête en direction de quelques visages heureux. « D'autres comprendront... en temps voulu. Quoiqu'il en soit, nous avons planté la graine du Craic, nous l'avons fertilisée et arrosée. Donc nous avons fait notre travail, » dit-il, en croisant les bras et ne tolérant aucune contradiction.

« Oui, c'est bien le cas, » approuvai-je, ressentant la profonde justesse dans le chaos dont nous avions fait l'expérience. Mon collègue élémentaire avait du mérite dans le fait d'avoir créé des opportunités d'apprentissage, et je voulais qu'il reconnaisse le mérite des 'humains' ayant mené à bien cette traversée sur ces eaux agitées. « Brian et James ont-ils aussi leur part de mérite ? » demandai – je, amusée par mon humour noir irlandais ragaillardi.

« Oh oui. Nous autres élémentaires n'aurions jamais pu créer un tel Craic, s'ils ne nous avaient pas pourvus avec un tel désordre. Donc en effet, nous devrions porter un toast en leur honneur ce soir. »

Entre temps, tout le monde avait pris place dans le cercle. Je me levai de ma chaise, et marchant en direction de notre petit autel au centre, j'allumai notre dernière bougie. N'ayant pas été avec le groupe pour plusieurs jours, je me sentais quelque peu distante. Ils s'étaient rendus à Glendalough, Hill of Tara et Newgrange, alors que j'avais effectué mon voyage intérieur en restant alitée. Je revenais changée de cette expérience, et, parce que la transformation était toujours en cours, je me sentais émotionnellement et spirituellement vulnérable. De plus, parce qu'il m'avait été physiquement difficile de parler, je n'avais pratiquement pas eu de conversation avec mes compagnons de pèlerinage durant plusieurs jours. Même en cet instant, ma gorge obstruée n'arrivait qu'à émettre péniblement un murmure rauque. Mon cœur désirait ardemment se connecter et entendre ce que le voyage avait signifié pour chacun d'entre eux. Avec cette pensée, je passai la petite sacoche à mes compagnons de voyage pour qu'ils tirent leur dernière carte des anges.

Molly, son bras toujours pas entièrement rétabli, fut une des premières à parler. « Le tour m'a semblé avoir sa volonté propre. Mes expériences et prises de conscience en Irlande ont changé ma vie et je pourrai les utiliser pour me guider dans mes choix futurs. C'était tout à fait surprenant et magnifique. »

Le gobelin partenaire de Molly, avec des rubans multicolores tombant de son haut de soie, se tenait dans une attitude exemplaire derrière sa chaise. Sur sa tête se trouvait un chapeau qui ressemblait de manière si frappante avec celui du fou, que j'eus une révélation sur comment les malins gobelins avaient influencé les bouffons et les sages fous. « Peut-être que Shakespeare avait une connexion directe ! » pensai-je amusée.

Entendant mes pensées, un large sourire éclaira le visage du gobelin, « tu as finalement compris comment les gobelins ont aidé les humains jusqu'à présent, » dit-il avec indulgence.

La sacoche passa à Marion, « J'ai passé des moments inoubliables à visiter autant d'endroits avec autant d'aventure, » dit-elle, avec un sourire heureux, aussi radieuse que le jour où elle avait effectué l'ascension de Croagh Patrick. Les deux jeunes trolls, qui avaient accompagné Marion durant son pèlerinage, avaient reculé dans un coin, manifestement mal à l'aise avec la présence d'autant d'humains rassemblés dans cet espace restreint.

« Et vous deux ? » demandai-je aux trolls télépathiquement.

Content d'être remarqué par un adulte, même humain, le plus grand des deux trolls, empoignant son jeune arbre en tant que bâton de randonnée dans son immense main, se redressa. Il était vêtu de pantalons en haillons lui arrivant aux genoux, desquels émergeaient ses jambes velues et des pieds nus gigantesques. Sa concession en matière d'habillement, pour notre dernière soirée, consistait à avoir lissé ses cheveux derrières ses oreilles avec ce qui aurait bien pu être de la graisse d'ours. Regardant en direction de ses aînés pour leur accord, il répondit d'une voix basse avec quelques mots bien choisis, « mon frère et moi avons eu du bon Craic. »

Peggy était la suivante et, par bonheur, la blessure à sa tête semblait complétement guérie. J'attendais avec impatience ses impressions quant à ses expériences spirituelles 'peu orthodoxes'. « Ce tour m'a permis de m'ouvrir et de comprendre d'autres mondes et tout un univers spirituel...qui comprend les êtres élémentaires, » dit-elle avec un petit rire, comme si elle était surprise par ses propres mots. La petite brownie de Peggy, debout à côté de sa chaise, semblait contente et de nombreux petits êtres élémentaires se firent du coude les uns les autres en souriant. Peggy s'était faite de nombreux amis durant ce tour.

Max était resté très tranquille depuis son éruption à Achill Island, et je n'avais pas la moindre idée s'il avait eu le pire, ou le meilleur tour de son existence. Se levant de sa chaise, il m'approcha avec un présent dans sa main. Il s'agissait d'une vieille impression de Keel, datant de la fin du siècle dernier. Quelle pensée touchante, et si typique de cet homme dont j'avais découvert le cœur tendre et généreux.

« J'ai appris, » dit Max, « que je n'ai pas besoin de prendre de responsabilité dans les affaires des autres, et c'est BEAUCOUP. J'ai aussi eu un tel beau moment à Glendalough que je commence à penser qu'il y a peut-être vraiment quelque chose derrière cette histoire d'élémentaires. »

Un autre « hourra » fut acclamé par les élémentaires en faveur de Max.

A ce moment, Dr. Carl reçu la sacoche, et fidèle à sa nature de savant, exposa sa découverte étonnante. « Les spirales sur les grandes pierres de l'entrée de Newgrange constituent une gamme de tonalité qui équilibre le corps physique, » commença-t-il, et continua à étayer sa thèse scientifique durant un bon moment, avant de finir par constater qu'il avait perdu ses compagnons de voyage.

Terminant sur une note plus personnelle, Dr. Carl ajouta, « j'ai eu des révélations au sujet de grands mystères en rapport avec le Christ, et, » dit-il en marquant une pause avec un petit sourire conspirateur, « j'ai été fasciné par ces événements qui ne faisaient pas partie de l'itinéraire officiel du tour. »

Le vieil elfe, svelte et sérieux, illustre savant dans le monde des elfes, se tenait derrière Dr. Carl. Il était habillé impeccablement en noir, une couleur inhabituelle pour un élémentaire, ce qui accentuait son apparence mince et solennelle. L'elfe suivit calmement la procédure

Druides, Uisneagh et Anam Cara 197

et, bien qu'aimable, ne daigna pas parler avec moi à cette époque. Lui, comme Dr. Carl, étaient engagés à travailler avec d'autres pour le bénéfice de la Terre, mais, étant donné leur caractère, ces deux entités préféraient probablement rester seuls dans leur recherche.

Katje, la femme de Dr. Carl, prit le relai à cet instant et ses pensées vinrent renforcer sa dernière remarque. « Pour moi, l'apprentissage le plus important a été d'avoir été dans le Craic. Vous devez être ouvert en permanence à ce qui va se produire l'instant d'après, et vivre dans l'instant présent sans attentes. »

Robin, entourée de petits brownies et de minuscules gnomes babilleurs et agités devant la lenteur des humains, décida de prendre la parole. « Je suis une vétérane en matière de voyages spirituels, et j'ai cessé de m'attendre à ce qu'ils soient des vacances parfaites et reposantes, » commença-t-elle. « J'ai appris énormément en te regardant gérer les pires des difficultés que je n'aie jamais rencontrées. Cela n'avait rien à voir avec la perte de ses bagages, de ne pas aimer son camarade de chambre, ou d'avoir des gens ne respectant pas les horaires. Tu as fait un travail remarquable en nous disant les choses telles qu'elles étaient, osant révéler ta propre vulnérabilité, et surtout, en continuant de nous rappeler les lois et principes divins durant ces situations, pour nous encourager à regarder en nous, afin de devenir l'observateur de nos réactions. »

Les commentaires généreux de Robin me firent monter les larmes aux yeux. Elle me donnait le sentiment d'avoir été profondément comprise, dans ce que j'avais essayé de faire pour mes compagnons pèlerins. Quittant la main de Robin, la sacoche passa d'une personne à l'autre et j'écoutais avec attention ce que chaque personne avait à dire. Il était gratifiant d'entendre combien de personnes mentionnèrent les élémentaires et le Craic, et combien d'entre eux, comme Robin, avait compris que notre voyage avait été infusé de quelque chose de plus profond. Je fus touchée par le partage de chacun, et je choisis ici de ne mentionner que les commentaires positifs parce que le contenu de ces derniers l'emporta largement sur les commentaires négatifs.

Ma carte des anges au début du tour avait été 'grâce' et je savais maintenant, par expérience, que la grâce était un autre mot pour le Craic. La grâce était un cadeau du Saint-Esprit, quel que soit la forme qu'il prenne. Quand ce fut mon tour de tirer une carte des anges pour découvrir ce que j'avais appris durant mon pèlerinage, je tirai la carte 'joie'. La joie n'est pas la même chose que le bonheur. Le bonheur vient et part selon que les besoins de l'ego soient satisfaits ou non. La joie, d'un autre côté, vient d'une acceptation profonde et de la satisfaction d'avoir été au mieux de ce que l'on pouvait potentiellement être. Durant mon indisposition, j'avais réalisé que ma meilleure manière d'être, pour les autres et pour moi-même, était de conserver ma compassion à travers toutes les expériences, et ceci – à mon grand étonnement - sans paroles, et sans actes.

Entre temps, mon ami leprechaun, qui représentait les élémentaires, attendait impatiemment sa carte des anges. La carte de Lloyd au début du voyage avait été 'simplicité', et, si nous avions reçu la version 'simple' de son tour, je me demandai avec amusement ce qu'aurait donné une version complexe de son tour. Plongeant ma main dans la sacoche, je tirai la carte désignant ce que lui et les élémentaires étaient parvenus à accomplir durant ce tour. C'était 'patience'. Il lança un regard dans ma direction où je pouvais lire 'Je te l'avais bien dit', et les élémentaires se mirent à rire et à hocher de la tête pour montrer leur accord.

La carte des anges pour le groupe d'"humains' au début du tour avait été 'clarté' et Katje tira à présent la carte pour ce que nous, en tant que groupe, avions accomplis. La nouvelle carte était 'inspiration'. Dans le dictionnaire, le mot inspiration est défini de la manière suivante : « Influence divine exercée sur l'esprit » C'était exactement ce qui s'était passé durant notre pèlerinage de transformation. Tout, comme toujours, était parfait.

« Evidemment que tout est parfait. Quoi d'autre ? » dit Lloyd.

Regardant à travers la pièce, je remerciai en silence tous les élémentaires qui nous avaient accompagnés durant ce tour. Les elfes répondirent par une gracieuse révérence ; les leprechauns levèrent leur chapeau avec un sourire ; les petits gnomes et brownies gazouillèrent de joie ; et même les gobelins grimacèrent leur équivalent de sourire. Les élémentaires apparaissaient plus forts, autant physiquement que dans leur sens du moi, comparé au début du tour. Le fait d'avoir travaillé avec les humains les avait transformés, eux aussi. Ce n'était pas trente, mais bien soixante pèlerins qui avaient pris part à ce voyage.

Les 'humains' se levèrent de leur chaise pour se rendre au dîner d'adieu, et au même instant, les élémentaires disparurent. Pour les élémentaires, le tour était terminé.

« Pas si vite ! » rétorqua mon leprechaun co-leader. « J'ai pensé que nous pouvions parler de notre prochain tour. Je commence juste à m'y mettre. »

« Quel prochain tour ? » répondis-je, surprise.

Mon ami m'envoya une image de 'Lui-Même' habillé en pharaon, avec une coiffe rappelant celle de Toutankhamon. La différence majeure consistait en un cobra lové sur sa coiffe, se balançant d'un côté à l'autre, me fixant des yeux. D'un grand geste théâtral, le leprechaun déroula un rouleau de papyrus sur lequel était inscrit *Pèlerinage d'Egypte pour les humains*.

Une expression d'horreur dû traverser mon visage à la perspective de ce que mon compère aurait été capable de faire avec le Craic en Egypte, car mon ami incorrigible s'écroula de rire. Accrochant mon regard, il fit un clin d'œil, et disparu.

p.s.

Depuis l'écriture de mon dernier livre *Un été avec les Leprechauns*, j'ai rencontré des milliers d'humains et d'élémentaires prêts à travailler ensemble pour devenir des co-créateurs et gardiens de la Terre. Mon espoir est que ceux qui lisent cette histoire et ceux nous ayant accompagné durant ce pèlerinage viennent nous rejoindre. Comme vous pouvez le constater, ce n'est pas pour les âmes sensibles. Mais, il y a toujours des élémentaires prêts à accueillir parmi eux ceux qui empruntent le chemin de la lumière et de l'amour, en tant que co-créateurs sur notre magnifique planète. Ils sont là lorsque vous marchez dans la forêt, faites du jardinage ou lorsque vous permettez au Craic d'entrer dans votre vie. Ils sont là.

Clés du Leprechaun pour aller en phase avec le Craic

1. Ne résistez pas. Toute résistance est vaine.
2. Ouvrez grand votre être et embrassez les leçons du Craic.
3. Pour reconnaître les leçons du Craic, identifiez vos blocages, là où vous ressentez de la colère, de l'apitoiement sur vous-même, de la frustration ou des reproches.
4. Les expériences avec le Craic ne prennent jamais fin. Lorsque vous avez compris une leçon, la suivante se présentera à vous.
5. Ne faites pas porter le chapeau aux autres. Si vous vous sentez provoqué, c'est que vous avez quelque chose à apprendre.
6. Prenez un moment pour célébrer les maîtres d'un bon Craic. Vous avez de la chance de les connaître.
7. Le Craic vient sous différentes formes. Le Craic léger est amusant, le sombre est provocant, et les deux viennent souvent dans le même lot.
8. Essayez l'humour lorsque vous hésitez quant à la marche à suivre.
9. Lorsque l'humour ne marche pas, détachez-vous quant au résultat et acceptez 'ce qui est'.
10. Profitez de votre vie dans l'instant présent. Tenter de fuir dans le passé ou le futur ne fera que resserrer le nœud de vos difficultés.

Leçons apprises par 'l'humain' durant le pèlerinage

1 Vous n'obtenez pas toujours ce que vous voulez. Mais si vous essayez malgré tout, vous réaliserez que vous obtiendrez toujours ce dont vous avez besoin.
2 Soyez reconnaissant pour les cadeaux que vous recevez quotidiennement par l'esprit, appelé grâce chez les chrétiens, et par les irlandais et les êtres élémentaires, le Craic.
3 Ces cadeaux se situent souvent au-delà de vos limites connues physiques, psychologiques ou spirituelles.
4 Faites confiance à l'esprit, au Craic, et aux autres autant qu'à vous-même.
5 La souffrance fait partie de la vie et de nos moyens d'apprentissage les plus puissants. Même dans un moment de joie et de plénitude, la souffrance n'est jamais loin.
6 Pratiquer le non-attachement à vouloir obtenir ce que l'on veut, constitue la voie la plus rapide pour alléger la souffrance.
7 N'ayez aucune attente quant à la manière dont l'esprit et le Craic vont vous prodiguer leur leçon.
8 Acceptez 'ce qui est' chez les autres et dans toutes les situations que vous rencontrez. Ceci est la clé pour votre paix intérieure.

9 Le Craic léger consiste à rire de vous-même et de voir l'humour dans les situations difficiles.
10 Demandez de l'aide aux autres lorsque vous en avez besoin et acceptez leurs présents avec reconnaissance.
11 Restez dans le 'neutre-positif' lorsque vous faites face à des difficultés. La neutralité revient à se détacher du résultat ; le positif revient à faire confiance dans le fait que l'esprit a de bonnes intentions à votre égard.
12 Gardez votre cœur ouvert pour aimer de manière inconditionnelle, quoiqu'il arrive.

Lectures complémentaires au sujet des esprits de la nature

Arrowsmith, Nancy (with George Moorse), *A Field Guide to the Little People*, McMillan, London, 1977.

Evans-Wentz, W,Y., *The Fairy Faith in Celtic Countries* (1911), University Books, New York, 1977.

Froud Brian (with Abu Lee), *Faeries*, Harry Abrams Inc, New York, 1978.

Huygen (ill. Rien Poortvliet) *Gnomes*, Harry Abrams Inc., New York, 1977.

Helliwell, Tanis, *Summer with the Leprechauns: A True Story*, authorized edition, Wayshower Enterprises, 1997 and 2011

Helliwell, Tanis, *Un été avec les Leprechauns: une histoire vraie*, Edition co-créatives, Langon, France, 2009.

Helliwell, Tanis, *Hybrids*, authorized edition, Wayshower Enterprises, 2015

Helliwell, Tanis, *The High Beings of Hawaii*, Wayshower Enterprises, 2019.

Hodson, Geoffrey, *Faeries at Work and Play*, Theosophical Publishing House, Weaton,

Gregory, Lady, *Visions and Beliefs in the West of Ireland* (1920), Gerrards Cross, Snythe, 1970.

MacLean Dorothy, *To Hear the Angels Sing*, Lorian Press, 1980.

MacNamara, Niall, (ill. Wayne Anderson), *Leprechaun Companion*, Pavillon Books, London, 1999.

MacManus, Diamuid, *Irish Earth Folk*, The Devin-Adair Company, New York, 1988.

Papenfus, Stan, *Paddy's Chin*, Life Cycle Centre, Ireland, 2003.

Pogacnik, Marko, *Nature Spirits & Elemental Beings*, Findhorn Press, Forres, Scotland, 2004.

Roads, Michael J., *Journey into Nature*, HJ Kramer Inc., Tiburon, CA, 1990.

Rose, Carol, *Spirits, Fairies, Leprechauns, and Goblins*, Norton, New York, 1996.

Small Wright, Machelle, *Behaving as if God in all Life Mattered*, Perlandra, Warrenton, VA, 1987.

Tompkins, Peter, *The Secret Life of Nature*, HarperCollins, New York, 1997.

Von Gilder, Dora, *Fairies*, Quest Books, Wheaton, IL, 1994.

Yeats, W.B., *Fairy and the Folk Tales of the Irish Peasantry* (1888) and *Irish Fairy Tales* (1892) reprinted SmithMark Publ., New York, 1996.

Lectures complémentaires au sujet des pèlerinages

Chatwin, Bruce, *The Songlines*, Penguin, NY, 1998.
Coelho, Paulo, *The Pilgrimage*, Harper SanFransidco, Ca, 1995.
Cousineau, Phil, *The Art of Pilgrimage*, Conari Press, Boston, 1998.
Foster, Barbara & Michael, *Forbidden Journey, The Life of Alexandra David-Neel*, Harper & Row, San Francisco, 1987.
Galland, China, Longing for Darkness: Tara and the Black Madonna, Penguin, NY, 1990. Lozano, Millan Bravo, *A Practical Guide for Pilgrims: The Road to Santiago*, Editorial Everest, 1999.
MacLaine, Shirley, *The Camino*, Pocket Books, NY, 2000.
Milne, Courtney, *The Sacred Earth*, Viking Penguin, NY, 1991.
Peace Pilgrim, *Peace Pilgrim*, Ocean tree, Santa Monica, Ca, 1994.

Au sujet de l'autrice

Tanis Helliwell, M. Ed., est la fondatrice de l'Institut International pour la Transformation (IIT). Depuis janvier 2000, IIT offre de nombreux programmes pour assister les individus à devenir des créateurs conscients, travaillant en accord avec les lois spirituelles qui régissent notre monde.

Elle est l'auteure de *Un été avec les Leprechauns, Decoding Your Destiny, Manifest Your Soul's Purpose*, le recueil de poésies *Embraced by Love, Hybrids* et *The High Beings of Hawaii*. Ses DVDs, *Elementals and Nature Spirits* et *Spiritual Transformation : Journey of Co-Creation*, ainsi que les CDs 'Personal growth' et 'Inner Mysteries' qui sont utiles pour aider les individus voulant travailler avec les êtres élémentaires et les autres êtres sensitifs évoluant sur notre planète.

Durant plus de vingt ans, Tanis a conduit des tours et des pèlerinages à pied sur des sites sacrés d'Egypte, Israël, Pérou, Bolivie, Inde, Népal, France, Grande Bretagne, Ecosse, Irlande, sud-ouest des Etats Unis, Nouvelle Zélande, Japon, Kenya, Grèce et Iceland.

Elle étudie et enseigne les Mystères Intérieurs, et vit sur la côte ouest, au nord de Vancouver, Canada. Depuis son enfance, elle entend et voit les êtres élémentaires, les anges et des maîtres spirituels d'autres dimensions. Pendant plus de trente ans, elle a mené un cabinet thérapeutique pour aider les personnes dans leur transformation spirituelle.

Tanis est une conférencière demandée dont les aptitudes d'introspection sont applicables dans une grande variété de disciplines spirituelles. Elle a donné des conférences aux côtés de Rupert Sheldrake, Matthew Fox, Barbara Marx Hubbard, Gregg Braden, Fritjof Capra et Jean Houston. Ses conférences comprennent The Science and Consciousness Conference à Albuquerque, The World Future Society à Washington, D.C. et Spirit and Business conferences à Boston, Toronto, Vancouver et Mexico City. Tanis a également donné des présentations à Findhorn, Hollyhock, A.R.E. Edgar Cayce et Alice Bailey conferences.

Tanis travaille également beaucoup en Europe, avec des psychiatres, des médecins et des guérisseurs, pour purifier le corps astral et éthérique, afin de développer une conscience saine. Son vœu est d'aider chacun à établir une relation juste avec soi-même, son prochain, et avec la Terre.

Pour contacter l'autrice, commander des livres, CD et DVD, ou pour obtenir des informations sur les ateliers à venir, s'adresser à :

Tanis Helliwell
1766 Hollingsworth Rd.,
Powell River, BC.,
Canada V8A 0M4
E-mail: tanis@tanishelliwell.com

SITES WEB:
www.tanishelliwell.com
www.iitransform.com
www.facebook/Tanis.Helliwell

LIVRES :
Un été avec les Leprechauns : une histoire vraie
Decoding Your Destiny: keys to humanity's spiritual evolution
Manifest Your Soul's Purpose
Take Your Soul to Work
Embraced by Love
Hybrids: So you think you are human
The High Beings of Hawaii: Encounters with Mystical Ancestors

DVDs :
Elementals and Nature Spirits
Spiritual Transformation: Journey of Co-creation
Hybrids: So you think you are human

CDs :

Series A – Personal Growth Collection: Two visualizations
Energy Rebalancing Meditation/Path of Your Life
Eliminating Negativity / Purpose of Your Life
Linking Up World Servers / Healing the Earth

Series B – Spiritual Transformation Collection: Talk and Visualization
The Celtic Mysteries / Quest for the Holy Grail
The Egyptian Mysteries / Initiation in the Pyramid of Giza
The Greek Mysteries / Your Male and Female Archetypes
The Christian Mysteries / Jesus Life: A Story of Initiation
Address from the Earth / Manifesting Peace on Earth

Series C – The Self-Healing Series
The Body Elemental / Healing with the Body Elemental
Rise of the Unconscious / Encountering Your Shadow
Reawakening Ancestral Memory / Between the Worlds

www.ingramcontent.com/pod-product-compliance
Lightning Source LLC
Chambersburg PA
CBHW072001070526
44583CB00015B/1284